Wünschen – Zaubern - Empfangen
Eine 30-tägige Erfolgsreise im Mondzyklus

Wünschen – Zaubern - Empfangen
Eine dreißigtägige Erfolgs-Zauberreise im Mondzyklus
Edeltraud Greuel

Bibliografische Information der Deutschen Nationalbibliothek
Die Deutsche Nationalbibliothek verzeichnet diese Publikation
in der Deutschen Nationalbibliografie; detaillierte bibliografische
Daten sind im Internet über http://dnb.d-nb.de abrufbar.

© 2016 Greuel, Edeltraud
Umschlagdesign, Herstellung und Verlag:
BoD – Books on Demand
ISBN 978-3-7392-0804-6

Wünschen – Zaubern Empfangen

Eine dreißigtägige Erfolgs-Zauberreise im Mondzyklus

Edeltraud Greuel

Vorwort 11

1. Drei Wünsche – eine Fantasiegeschichte 12

2. Die Erfolgsreise im dreißigtägigen Mondzyklus............ 15

3. Eine wagemutige visionäre Idee......................................16

4. Spielverderber am Wegesrand 18
   Bequemlichkeitszone – Komfortzone...........................18
   Von nichts kommt nichts...19
   Die „Wenn-Dann"-Welt.. 24

5. Engelmeditation 29

6. Einen spirituellen Zauber-Plan erstellen...................... 30

7. Was ist neu oder doch nicht neu in diesem spirituellen Zauber-Plan?..35
   Die Zwei-Punkt-Methode 36
   Übung: Herzenergiefeld öffnen 38

8. Die Gehirnsysteme 42
   Das alte Gehirn 44
   Das neue Gehirn 47
   Matrix-Übung: Synergie der vier Gehirnsysteme.........55

9. Meditation – Harmonisierung der vier Gehirnstrukturen 58

10. Die Klopftechnik.. 62

11. Der Zauber mit dem Geld 66

12. Wenn ich einmal Geld hätte – dann 67

13. Die edlen energetischen Tricks 72
　Edle-Erfolgs-Kräuter 72
　Edle Erfolgs-Öle 74
　Das Universum 76
　Die magische Lichtsäule 76
　Die kreative Zauberin…… …………...…………… 78
　Rituale 78

14. Wenn Wünsche fliegen könnten 90

15. Zaubern mit Dschinni 93

16. Meditation - Der Inspirationsgarten 97

17. Wünschen und Bestellen 100
　Wichtiger Hinweis: Das hilflose Bitten 104
　Mangeldenken 105

18. Carpe diem, nutze den Tag................................... 111

19. Zehn entscheidende Schritte zum erfolgreichen Wünschen - Zaubern – Visualisieren 112

20. Wie gehst du am besten vor…………………….......114

21. Die Reise beginnt... 116
　1. Erfolgszauber-Tag – Wünsche manifestieren.......... 119
　2. Erfolgszauber-Tag – Transmutations-Tag.................121
　3. Erfolgszauber-Tag – Miraculix & Asterix-Tag 123
　4. Erfolgszauber-Tag - Synergie der vier Gehirnsystem …………………………………………………………125
　5. Erfolgszauber-Tag – Universums-Tag 127
　6. Erfolgszauber-Tag – Entspannungs-Tag.................129

7. Erfolgszauber-Tag – Herzöffnungs-Tag 131
8. Erfolgszauber-Tag – Lichtsäulen-Tag 133
9. Erfolgszauber-Tag – Engel-Tag 134
10. Erfolgszauber-Tag – Carpe-diem-Tag 135
11. Erfolgszauber-Tag – Wunschritual-Tag 136
12. Erfolgszauber-Tag – Spiel- und Freizeit-Tag 138
13. Erfolgszauber-Tag – Entspannungs-Tag 140
14. Erfolgszauber-Tag – Lästige Kleinigkeiten 142
15. Erfolgszauber-Tag – Bergfest 144
16. Erfolgszauber-Tag – Kerzenritual-Tag 145
17. Erfolgszauber-Tag – Natur-Tag 146
18. Erfolgszauber-Tag – Universums-Tag 148
19. Erfolgszauber-Tag – Transmutations-Tag 150
20. Erfolgszauber-Tag – Herzöffnungs-Tag 152
21. Erfolgszauber-Tag – Selbstliebe-Tag 154
22. Erfolgszauber-Tag – Freizeit- und Spieltag 156
23. Erfolgszauber-Tag – Carpe-diem-Tag 157
24. Erfolgszauber-Tag – Engel-Tag 159
25. Erfolgszauber-Tag – Lichtsäulen-Tag 161
26. Erfolgszauber-Tag – Lästige Kleinigkeiten 163
27. Erfolgszauber-Tag – Natur-Tag 165
28. Erfolgszauber-Tag – Dankbarkeits-Tag 167
29. Erfolgszauber-Tag – Herzöffnungs-Tag 169
30. Erfolgszauber-Tag 171

Schlussbetrachtung..173

ANHANG..176
Kinesiologischer Test..176

Vergebungs- und Verzeihungsritual 178

Eine neue Lebensgeschichte..179

Das genetische Schicksal verändern..............................180

Erfolgsgeschichten 186

Literaturverzeichnis...189

Quellenangaben und Anmerkungen 194

Spagyrische Erfolgsmittel nach Dr. Gopalsamy Naidu ...198

Über die Autorin... 201

Vorwort

Der Mond hat, solange es Menschen auf der Welt gibt, eine magische Anziehungskraft. Er geht auf, er geht unter, erscheint voll, halb und wieder neu. Der Mond hat genügend Kraft und Energie, die Gezeiten dazu zu veranlassen, vorwärtszudrängen oder wieder zurückzuweichen. Der dreißigtägige Mondphasenzyklus enthält viele wundersame und zauberhafte Interpretationen. Die wechselnden Lichtgestalten des Mondes beeinflussen nicht nur das Gesicht der Erde, sondern auch die Zeit und die verschiedenen Lebenssituationen.

In einer klaren Vollmondnacht glaubt man, vom Schein des Lichtes völlig durchdrungen zu sein. Die Vegetation und selbst die Geräusche in der Nacht erscheinen mystisch und wirken geheimnisvoll. Viele Zaubersprüche und Anrufrituale nutzen die Energie des Mondes, um deren Macht zu erhöhen. Die Macht des Nachthimmels ist stets gegenwärtig und immer vorhanden. Sie kann viele Seiten (Saiten) des Menschen zum Singen und Klingen bringen, indem sie die in uns liegende Zauberkraft erweckt und so eine zauberhafte Veränderung hervorbringt.

Denn tatsächlich begleitet uns der Zauber schon seit den Kindertagen. Ob Märchenfiguren, der kleine Hävelmann, Bibi Blocksberg und auch „die kleine Hexe" von Ottfried Preussler – in ihnen schwingt das Wort „Zauber" mit, und sie rufen sofort Assoziationen hervor. Wir kennen „Zauberkünstler" aus Sport, Wirtschaft oder Wissenschaft, sogar aus dem persönlichen privaten Bereich. Wir lesen Sätze wie: „Er ist ein genialer Zauberer mit dem Ball. Sie oder er ist eine zauberhafte Frau/Mann. Dieser Unternehmer hat ein zauberhaftes Händchen für Trends und Innovationen."

Zauber klingt geheimnisvoll.

1. Drei Wünsche – eine Fantasiegeschichte

Es war einmal ein Geschwisterpaar, das in einem fernen armen Land wohnte. Es ging jeden Tag in den dunklen Wald. Die Kinder hielten sich fest an den Händen, damit die Angst nicht übergroß wurde. So gingen sie tagtäglich in den Wald, um Holz zu sammeln, Beeren zu pflücken und Kräuter für eine warme Mahlzeit zu suchen.

Eines Tages geschah etwas Unglaubliches. Während die beiden fleißig Reisig sammelten, erschien ihnen plötzlich eine wundersame Lichtgestalt. Zuerst war es nur ein weißlich gelbes Licht, aus dem sich immer mehr eine feingliedrige anmutige Gestalt entwickelte. Sie hatte lange, hell schimmernde Haare, ein zartes weißes feenhaftes Kleid an und ein engelhaftes Gesicht. Diese zauberhafte Lichtgestalt sprach die Kinder mit den Worten an: „Ich bin die Wald-Zauberfee und bin gekommen, um euch drei Wünsche zu erfüllen. Ich habe euch schon eine ganze Weile beobachtet, euch bei eurer Arbeit behütet und beschützt, eure Gespräche belauscht und viel über eure Wünsche erfahren. Nun ist die Zeit gekommen, dass die Wünsche wahr werden. Nennt mir bitte eure drei intensivsten Wünsche, und es soll geschehen."

Die Kinder hielten sich fest an den Händen, die Herzchen klopften fast zum Zerspringen, und sie schauten mit großen Kulleraugen ungläubig die Wald-Zauberfee an. Das kleine Mädchen fasste sich zuerst ein Herz und sprudelte den ersten Wunsch heraus: „Ich wünsche mir für meine Familie jeden Tag eine warme Mahlzeit!"

Der Kleine sprach: „Ich wünsche für meine Familie eine warme und heile Unterkunft." Dann sprachen beide zusammen die gleichen Worte: „Wir wünschen uns für unseren Vater und unsere Mutter eine bleibende Arbeit."

Die Wald-Zauberfee erwiderte: „Geht nach Hause, es ist geschehen!"

Ungläubig und zögernd rafften die Kinder das Holz, die Beeren und die Kräuter zusammen und gingen erfüllt von dem Wunder nach Hause. Zuhause angekommen war alles so, wie die Wald-Zauberfee gesagt hatte. So lebten sie nun alle glücklich und zufrieden im neuen Leben, und wenn sie nicht gestorben sind, dann leben sie noch heute.

Wir kennen alle die wunderschönen Fantasiegeschichten, die uns in vielen Märchen aus einer überlieferten Zeit suggerierten, wenn du artig, lieb und fleißig bist, geschehen zauberhafte Dinge. Und so träumen wir weiter von einer Zauberfee. Rackern, ackern, strampeln, sind lieb, sind nett und artig und wünschen uns oftmals nichts sehnlicher, als dass die Wunscherfüllungsfee wie aus dem Nichts auftaucht und das Wunschauto, der Wunschpartner, der Wunschjob, die Wunschwohnung, der Lottogewinn wie von Geisterhand plötzlich erfüllt werden.

Doch leider hat diese herrlich „anmutende" Redewendung - „Von nichts kommt nichts" - auch heute noch im 21. Jahrhundert eine große Glaubenskraft!

Wir sind alle Zauberkünstler:
Es ist in uns gelegt,
die Welt um uns zu verwandeln,
indem wir die Welt in uns verwandeln.
Nicht was wir sehen,
sondern wie wir es sehen,
bestimmt, was wir
fühlen.
Der Schlüssel liegt in uns.

--Ulrich Schaffer--

2. Die Erfolgsreise im dreißigtägigen Mondzyklus

Du kannst mit dem dreißigtägigen Mondzyklus von

> Vollmond zu Vollmond,
> von Neumond zu Neumond,
> von Viertelmond zu Viertelmond
> zum Erfolg reisen.

Es ist dein gewählter Reise-Zauber-Zyklus.

Warum sind manche Menschen mit vielem erfolgreich und manche Menschen nicht, obwohl sie die Talente, die Ressourcen, die Mittel haben? Diese Frage beschäftigt seit Urzeiten viele Menschen. Eine Antwort darauf ist selten zu finden, und doch ist sie nach Florence Scovel Shinns Denkweise erklärlich:
„Um erfolgreich zu sein, bedarf es einer Ausstrahlung, die diejenigen anzieht, die beim Erfolg helfen und ihn nicht blockieren. Die Schwingung erfolgreicher Menschen ist eine

einfache physikalische Angelegenheit. Jeder nimmt die Schwingung wahr."

Wünsche und Ziele sind die praktischen Ausformungen eines Seinszustandes, der dich in eine neue Resonanzschwingung hebt. In den dreißig wundervollen Zaubertagen wirst du mit hoher Wahrscheinlichkeit diese Ausstrahlung erleben.

3. Eine wagemutige visionäre Idee

„Nicht jeder setzt sich Ziele im formalen Sinne, aber der Entschluss, uns bewusst dafür zu entscheiden, eine neue Zukunft für uns zu erschaffen, ist der herausforderndsten Maßnahmen, die wir unternehmen können. Es ist auch eine der größten Herausforderungen, weil wir praktisch ständig mit unseren Einschränkungen konfrontiert werden. Wenn wir uns nicht gegen diese Einschränkungen wappnen und handeln, riskieren wir meiner Meinung nach, auf ewig Gefangene unserer eigenen Version des ‚Hier und Jetzt', unserer eigenen Realität zu bleiben. Ich interessiere mich ganz besonders für die wilden Versionen des ‚so könnte es auch sein', die uns von Zeit zu Zeit durch den Kopf schießen und an unseren Überzeugungen, was für uns erreichbar ist, zerschellen. Das sind die großen, haarigen, wagemutigen Ziele, die uns gleichzeitig faszinieren und einschüchtern. Falls Du eines dieser Ziele tief in Dir vergraben hast, rede ich heute mit Dir.
 Wähle Du einen Zustand, den Du gerne erfahren möchtest. Wähle ein Ziel. Beides muss groß, fantastisch, wagemutig – weit über dem Alltagserleben und den bisherigen Erfahrungen liegen. Es darf utopisch sein. Ohne solche Ziele wäre niemand in den Weltraum geflogen."

(Steve Wels, EFT Autor)

Es gibt so viele spirituelle Bücher, so fantastische Lebens-Ratgeber, so hervorragende intuitive Menschen, so spannende und inspirierende Seminare und doch ...

Die Suche nach der Zauberfee, die Suche nach dem optimalen Weg, die Suche nach der Erfüllung der Wünsche ist in jedem von uns vorhanden. Ergo: Machen Sie sich mit mir auf den Weg, denn es gibt noch einen anderen (Kalender-)Spruch:

> Wer suchet, der findet.

Machen Sie sich mit Ihrer eigenen, tief in Ihnen verborgenen Zauberfee auf den Weg, und vielleicht – bald schon – saust per Luftfracht der Wunsch urplötzlich in Ihre neue Bewusstseinswelt.

Sesam, öffne dich!

4. Spielverderber am Wegesrand

Bequemlichkeitszone – Komfortzone

Lieber Leser dieses Buches!

Ich freue mich, Sie hier auf diesen Seiten herzlich willkommen zu heißen. Dieses Buch haben Sie ganz bewusst für sich und Ihr Leben gewählt. Ich möchte Sie beglückwünschen, denn Sie haben Ihre Bequemlichkeitszone oder Komfortzone verlassen und möchten für sich und Ihr Leben eine Veränderung erfahren. Die Veränderung mag für den einen so, für den anderen wiederum so sein. Ihr Ziel, Ihre Motivation, für sich etwas zu tun, die Betonung liegt auf *nur* für sich, ist sehr vielschichtig, und genauso vielschichtig ist mein Buch aufgebaut. Für jeden besteht die Möglichkeit, ganz egal welche Veranlassung ihn dazu bewogen hat, dieses Buch in seinen Besitz zu bringen, die angesprochenen Grundgedanken, die Eckpfeiler, die Aussagen, die Arbeitsweise auf sein betreffendes Problem umzugestalten. Die allergrößte Wichtigkeit im Leben ist: **Handeln.** Handeln heißt TUN, TUN kommt von NUT und heißt: nicht unnötig trödeln[1]. Optimal wäre es nun für Sie, jeden Tag die Bequemlichkeitszone für vielleicht fünf oder zehn Minuten zu verlassen. Wer möchte, darf sie natürlich auch für länger aufkündigen, um für sich und an sich zu arbeiten. Verschiedene Techniken können dabei angewandt werden wie zum Beispiel Zauberrituale, Matrix-Übungen (Zwei-Punkt-Methode), Klopfübungen, Visualisierungen, Meditationen und auch Schreibaufgaben, die Sie hier im Buch erfahren.

Schreiben, das geschriebene Wort, der geschriebene Satz oder was man schwarz auf weiß besitzt, kann ich getrost nach Hause tragen (Goethe), ist die allergrößte Handlungsweise. Darum ist es sinnvoll, sich eine Kladde oder einen Ordner mit vielen Zetteln zuzulegen. Eine persönliche Mappe,

Ihre persönliche Arbeitsmappe mit vielen kleinen und großen Ideen. Denn beim Lesen dieses Buches entstehen Ideen und optimale Wunscherfüllungen. So gestalten Sie quasi ein persönliches Buch der Freude oder ein Wunschbuch Ihres Lebens.

Es ist nun einmal leider so:

„Vor den Erfolg haben die Götter den Schweiß gesetzt." Hesiod

Oder wie heißt eine „deutsche" Gepflogenheit? „Von nichts kommt nichts."

Von nichts kommt nichts

Von nichts kommt nichts: Aktiv werden.
Wäre es nicht schön, wenn man nur das Fenster aufmachen müsste, und die Millionen flögen herein? Doch da spielt leider die reale Welt nicht mit. „Von nichts kommt nichts" ist eine Redewendung, die sich unter anderem darauf bezieht, dass man sich schon „etwas" bemühen muss, wenn man Erfolg haben möchte

Beispiele
1. Wenn ein Unternehmen erfolgreich sein will, muss es Geschäftsideen entwickeln und auch manchmal etwas riskieren. Denn „von nichts kommt nichts". Wenn man nur ruhig im Sessel sitzt und wartet, dass die Kunden von alleine kommen, wird das vermutlich nichts werden. Mit der Redewendung wird zum Ausdruck gebracht, dass man sich schon um die Kunden bemühen muss, um den Erfolg am Tagesende feststellen zu können.

2. Will ein Kind besonders gute Noten in der Schule erreichen, muss es lernen. Manche Kinder haben das Glück, dass sie sich damit viel leichter tun als andere, aber auch diese müssen für Prüfungen eine entsprechende Vorbereitung durchziehen. Lehnt man das ab und bekommt schlechte Noten, dann hört man von den Eltern durchaus häufig, dass von nichts nichts kommt – ergo: Hättest du gelernt, dann wären die Noten besser – selber schuld.

In diesem Sinne wird die Redewendung sehr gerne verwendet, die natürlich ihren Ursprung in der Umgangssprache hat – wie so viele Phrasen, die man öfter verwendet, als den Menschen selbst bewusst ist. Sobald das Verhältnis zwischen Wunsch eines Erfolges und Bemühen um selbigen hinkt, kann man erwarten, dass aus irgendeiner Ecke der Hinweis erfolgt, dass man sich mehr hätte bemühen müssen. Denn von nichts kommt nichts.
(www: wissenswertes.at)

Vielleicht haben einige von Ihnen jetzt den Gedanken: Und was soll das Ganze? Wenn die „Berater" wüssten, was ich zu bewältigen habe … Wie begrenzt meine Zeit ist … Keiner lässt mich in Ruhe, alle nerven mich! Ich bin den ganzen Tag auf den Beinen, und wenn ich Zeit habe, will ich nichts tun (nicht unnötig trödeln) und so weiter …

Na klar, ist ja auch ganz legitim. Nur … Sie sind hier, um etwas zu verändern. Schon seit Sie auf der Welt sind, hat sich Ihr Leben, Ihre Umwelt verändert. Vielleicht gibt es sogar einige Situationen in Ihrem Leben, mit denen Sie völlig im Einklang sind und mit anderen wiederum nicht. Gerade diesen Lebensumstand, diese Lebenssituation möchten Sie verändern. Ihm eine neue Struktur, neue Inhalte geben, doch wie? Sie träumen von einer anderen Welt und wünschen sich neue Inhalte. Wo ist die Lösung, wo ist der Hinweis, wer gibt mir eine neue Richtung? Aus diesem Grund gebe ich Ihnen meine Hilfestellung.

Wenn der Suchende bereit ist, erscheint der Lehrer. Wenn eine Frage gestellt wird, liegt die Antwort in der Luft. Wenn wir wahrhaftig bereit sind zu empfangen, wird uns das, was wir wirklich brauchen, zuteil.

Zuerst möchte ich Ihnen sagen: **Sie sind der Steuermann Ihres Lebens** – nicht Ihre Frau, nicht Ihr Mann, Freund, Lebensgefährte, Mutter, Vater, Kinder etc. Nur Sie allein tragen die Verantwortung für Ihr Leben. Und – was ich jetzt sage, klingt ungemein aggressiv und ketzerisch – Sie sind niemandem verpflichtet. Wenn Sie das Gefühl haben, irgendjemandem verpflichtet zu sein, dann ist es Ihr eigener Wille, wie zum Beispiel: „Ich möchte Kinder großziehen, für die Eltern da sein, sie eventuell pflegen, für einen kranken Partner sorgen, mich um ‚Haus und Hof' kümmern und so weiter." Das ist Ihr freier Wille und somit wunderbar und okay. Wenn die Hilfe jedoch bis zur Selbstaufgabe geht, Sie müde, träge und lustlos sind und mit dem Leben verzweifeln, dann muss die Zauberfee kommen. Sie schnipst mit den Fingern und schon …

Noch einmal: **Sie sind der Steuermann Ihres Lebens.** Ein Steuermann trägt eine große Verantwortung für sein selbst gewähltes Boot. Er hat das Ruder in der Hand, er setzt die Segel. Während einer Segelfahrt gibt es mal eine Flaute, mal leichte Brise, mal steifen Seegang, mal heftigen Sturm. Ich passe mich als Steuermann den Gezeiten an, überprüfe aber vorab schon meine Reise. Fahre ich vielleicht zu einer Zeit los, wo kein Sturm zu erwarten ist, bin aber trotzdem gerüstet für alle Eventualitäten? Und sollte mir ein kräftiger Wind ins Gesicht blasen, stemme ich mich nicht dagegen, sondern überlege, plane, setze gezielt mein Wissen, meine Erfahrung ein, um mit heiler Haut aus dem Sturm des Lebens herauszukommen, oder aber ich gehe mit Mann und Maus unter. Alles ist gut, alles ist okay, wenn das Untergehen Ihr Lebensziel ist.

Ich spüre, das ist nicht Ihr Lebensziel, denn sonst würden Sie hier nicht sitzen, das Buch lesen und es zu einem neuen Bestandteil Ihres Tages machen.

Vielleicht sagen Sie auch: „Ich bin enttäuscht. Ich bin frustriert", und stellen sich zusätzlich die Frage: „War das alles in meinem Leben?" Darauf sage ich: „Es kann so sein, es kann aber auch anders sein, es ist Ihre Entscheidung, Ihr Weg, Ihr Leben."

Es kommt nicht darauf an, wo Sie herkommen. Denn die Richtung, die Sie jetzt einschlagen, entscheidet darüber, wo Sie ankommen werden.

Viele von uns versuchen, so zu leben, wie man es uns lehrte. Reden ist Silber, Schweigen ist Gold. Rede nur, wenn du gefragt wirst. Eine Frau hat keine Wünsche. Ein (deutsches) Mädchen macht das nicht. Ein (deutscher) Junge weint nicht.

Vielleicht erlangten wir damit sogar einen gewissen Erfolg, jedoch verläuft das Leben vieler Menschen nicht so, wie sie es sich erhofft haben und hatten. Unsere zwischenmenschlichen Beziehungen sind niemals vollkommen, und selbst wenn sie es eine Zeit lang sind, ist das Glück doch niemals von Dauer. Ebenso verhält es sich mit unseren finanziellen Angelegenheiten. Wir haben anscheinend niemals so viel Geld, dass wir uns wirklich sicher oder unabhängig fühlen. Auch wenn wir zu Anerkennung und Erfolg gelangen, bleibt doch immer das Gefühl, dass das doch nicht alles im Leben sein kann.

Wenn wir eine neue Welt aufbauen möchten, ist es daher unsere erste Aufgabe, einzugestehen, dass die **Schule des Lebens** uns nicht gelehrt hat, wie man ein zufriedenes glückliches Leben führt. Müssen wir vielleicht noch einmal ganz von vorn beginnen und das genaue Gegenteil von dem lernen, was für unser Leben bisher Gültigkeit besaß? Das ist keine leichte Aufgabe und doch eine sehr lohnende. Denn plötzlich leben wir in Harmonie mit dem Universum, haben Energie, Freude, Lebenskraft und sind absolut lebendig.

Natürlich wird der eine oder andere Freund, Bekannte, Ehemann, Ehefrau etc. sagen, jetzt ist sie oder er völlig durchgeknallt …, ob das da mit rechten Dingen zugeht? Auf diese Aussagen müssen Sie sich einlassen, wenn Sie das Ruder Ihres Lebens in die Hand nehmen wollen. Sagen Sie Ja zu allem, was Sie tun. Gehen Sie unbeirrbar Ihrem Lebensziel entgegen, auch mit kleinen Schritten kommen Sie zum Ziel. Große Töne spucken kann jeder, jedoch die Beharrlichkeit ist von großer Wichtigkeit. Und seien Sie ruhig ein bisschen verrückt und vor allem auch verschwiegen. So ein bisschen geheimnisvoll. Sie erscheinen plötzlich interessanter. Und um ganz ehrlich zu sein, ohne Verrücktheit verläuft das Leben eintönig, ist müde, trist und schläfrig und beinhaltet keine wunderbaren Überraschungen.

Die „Wenn-Dann"-Welt

„Wenn das Wörtchen ‚wenn' nicht wär', dann wär' mein Vater Millionär." Oder: „Schließe deine Augen, und was du dann siehst …!"

Wie oft habe ich diesen Satz in meiner Kindheit gehört! Doch das „Wenn-Dann-Denken" bleibt nicht auf solche harmlosen Beispiele beschränkt. Es durchzieht unser ganzes Leben und prägt uns mehr, als wir denken.

Wenn ich Leistung bringe und noch mehr arbeite, dann schaffe ich den Karrieresprung.

1. Wenn ich nur das richtige Wünschen anwende, dann …
2. Wenn ich das richtige Wunschbuch lese, dann …
3. Wenn ich nur so denke wie Bill Gates, dann …
4. Wenn ich mich endlich besser motivieren könnte und mehr Sport treibe, dann werde ich schlank und attraktiv, und so weiter …

Wir denken in solchen sogenannten Kausalketten: wenn – dann, Ursache – Wirkung, auf a folgt b. Wenn ich ein Medikament nehme, geht es mir besser, und ich werde gesund. Wenn ich immer nett und freundlich bin, dann sind alle nett zu mir. Schön wäre es ja.

Das Problem dabei ist: Es funktioniert nicht immer! Der Karrieresprung ist nicht unausweichlich, der Erfolg nicht zu 100 Prozent geschützt, die Ehe ist ein nicht auf Lebenszeit geschützter Vertrag, das Medikament kann Nebenwirkungen haben und am Ziel vorbei therapieren. Und dann? Ich werde ärgerlich, bin frustriert, unmotiviert, enttäuscht! Denn wenn ich mein ganzes Leben schön in solche WENN-DANN's aufgeteilt habe, dann habe ich ja alles schön im Griff und kann selbst Kontrolle ausüben. Und plötzlich, wie aus dem Nichts, entgleitet mir die Kontrolle, und ich habe das Gefühl, uferlos zu sein!

Perfekt denkende Menschen reagieren perfekt irritiert, **wenn dann** so einiges aus dem Ruder läuft: So habe ich das Leben nicht geplant, so nicht gewettet!

Nur wie wir das Leben geplant, gesteuert haben wollen, ist mit „wenn – dann" auf keinen Fall zu navigieren.

Möglich ist aber auch, dass aus dem „WENN – DANN" wagemutige visionäre Ideen entstehen.

Mit diesen wagemutigen visionären Ideen ist in den 80er-Jahren der Büchermarkt in Deutschland überschwemmt worden. Es wurde suggeriert, affirmiert, und ein neues Denken erwachte.

„Manipulationstechniken" sind mit einer wahnsinnigen Geschwindigkeit aus dem fernen Amerika nach Deutschland geschwappt und haben sich rasend schnell verbreitet. Diese fantastischen Manipulationstechniken beeinflussten mich dahingehend, dass ich mich auf den Weg machte, um den goldenen Schatz zu bergen.

Die Bücher der amerikanischen Erfolgstrainer strahlten eine neue Denkweise aus, und ich war bereit, sie in mein Leben aufzunehmen. Amerikanische Erfolgstrainer nahmen den Namen Gottes wie selbstverständlich in den Mund. Für mich als streng erzogenes evangelisches Mädchen ein Novum. Das Wort Gottes in den Mund zu nehmen, stand in meinen Augen nur einem ausgebildeten Theologen zu. Dazu noch die Bibel als das größte Meisterwerk zu preisen und mit vielen Bibeltexten mir eine neue Sichtweise zu demonstrieren – interessant und gleichzeitig etwas beängstigend. Selbst heute habe ich in bestimmten Situationen noch nicht den Mut, das

Wort Gott öffentlich auszusprechen. Ich benutze lieber das Wort unendliche Intelligenz. Vielleicht liegen hier intensiv geprägte Glaubenssätze zugrunde.

Das Jahr 1985 läutete mit Shakti Garweins Buch „Kreativvisualisieren" in mir eine neue Lebens-Ära ein. Es folgte Dale Carnegie, „Wie man Freunde gewinnt", und kurze Zeit später Napoleon Hill, „Denke nach und werde reich". Murphy, Freitag, TAOSPORT von Chungliang Al Huang & Jerry Lunch und so weiter reihten sich ein. Der Zulauf an diesen mental ausgerichteten Büchern war gigantisch. Viele Mental-, Motivations- und Erfolgstrainer folgten und sind auch heute noch sehr aktuell. Sie knipsten in vielen suchenden Deutschen, im Prinzip in der ganzen Welt, ein Licht an. Arbeitskreise, Meditationsgruppen, Supervisionsabende, Meetings, Workshops etc. entstanden. Eine spannende Zeit, eine spektakuläre Aufbruchszeit entstand. Herrlich, ich brauche nur noch gezielt nachzudenken, nur zu affirmieren, Gott im Voraus zu danken, und schon und schon und schon … fliegen die gebratenen Tauben nur so in meinen Mund. Es wurde suggeriert, das Geld, deine Zukunft findest du auf der Straße. Du musst dich nur noch bücken, aufheben, und schon stehst du in einer neuen Startposition.

Wenn alles wirklich so einfach wäre, dann wäre mein Vater …

Ich schreibe dieses Buch aber nicht, um die Vergangenheit zu bewältigen, sondern weil ich für mich aus diesem ganzen Wust von Visionären etwas erfahren habe, das ich gerne weitergeben möchte. Vielleicht habe ich eine Lebensphilosophie, die da heißt:

Es ist nicht nur gut zu wissen, man muss es auch anwenden und weitersagen.

Affirmationen haben für mich heute noch eine große Wichtigkeit, aber ich gestalte sie wesentlich anders als in den Anfangsjahren. Affirmationen können nur dann greifen, wenn sie eine stimmige Aussage haben und ein Mangeldenken damit ausgeschlossen ist.

Ich greife nur zwei Affirmationen heraus, die damals viele – und ich auch – nur so heruntergeleiert haben, die aber nicht zum großen Durchbruch verhalfen:

„Ich bin die Beste"
oder
„Ich bin ein Magnet für finanzielles Wohlergehen"

Ich schenkte den „großen Meistern" meine ungefilterte Aufmerksamkeit und glaubte, wenn ich lieb, treu und brav meine Hausaufgaben mache, werden meine Wünsche erfüllt. Getreu den grimmschen Märchen glaubte und lebte ich in dieser Wunschvorstellung.

Leider vergingen damit Jahre ins Land. Irgendwann gab ich die Affirmationen, die Bittgebete und die Unterwürfigkeit mit den Worten „So, jetzt ist Schluss" auf.

In meiner Jugendzeit wusste ich doch sehr genau, was ich werden wollte. Mit intensiver Aufmerksamkeit konzentrierte ich mich auf mein angestrebtes Ziel. Ich kann mich an eine wunderbare Geschichte erinnern. Mein Wunsch war es, Sportlehrerin zu werden. Der Weg dorthin war schon mit dicken Steinen und einigen Umwegen gepflastert. Viele Spielverderber standen am Wegesrand, und aus diesem Grund machte ich, so glaube ich mich heute daran zu erinnern, die verschiedensten Aufnahmeprüfungen, zum Beispiel als medizintechnische Assistentin, als Gewerbelehrerin und was weiß ich. Mit Pauken und Trompeten fiel ich durch. Aber die

Aufnahmeprüfung in Mainz bestanden von dreißig Mädchen fünf, und ich gehörte dazu. Zufall oder Fügung?

Der Grund, warum ich mich von einem Weg der Fügung im Laufe meines Lebens abgebracht habe und mich wie viele in andere Gefilde wagte, ist der, um meine Erfahrungen und die daraus erfüllten Wünsche heute in diesem Zauberbuch zu veröffentlichen. So einfach.

So, jetzt habe ich lange genug geredet, jetzt schreiten wir zur ersten Tat.

Zuallererst möchte ich mit Ihnen eine kleine **Meditation** machen, die Sie von Alltagssorgen und Stress löst, sodass Sie sich ganz auf dieses Buch konzentrieren können. Meditation ist das Tor zur Erkenntnis Ihrer wahren Natur. Meditieren löst einen Reinigungsprozess in Ihnen aus, wie er nicht intensiver sein könnte. Reinheit ist also nicht die Bedingung für Meditation, sondern die Folge! Sagen Sie also nicht, dass Sie nicht meditieren können. Seit Sie auf der Welt sind, meditieren Sie, auch wenn es Ihnen nicht bewusst ist. Viele Formen der Meditation gibt es, und alle führen zum Ziel.

5. Engelmeditation

Schließen Sie Ihre Augen, und stellen Sie sich einen Schmetterling vor. Schauen Sie genau hin. Sehen Sie seine zarten Flügel, seine weichen anmutigen Bewegungen? Die feinen Farbnuancen? Die Härchen auf seinen Fühlern, wie sie im Wind zittern? Noch schaukelt er hin und her und lässt sich die Flügel vom Winde trocknen. Denn er ist gerade frisch geschlüpft. Bald wird er durch Leichtigkeit und Schönheit bezaubern. All das ist auch in Ihnen. Machen Sie es wie der Schmetterling – lassen Sie sich verwandeln. Vom Ei zur Raupe, zur Puppe, zum Schmetterling. Lassen Sie es einfach zu, und lassen Sie zurück, was Sie nicht mehr brauchen, was eigentlich nicht mehr zu Ihnen gehört. Schauen Sie – Ihr Schmetterling ist fortgeflogen! Sehen Sie ihn noch?

PS: Auf den nächsten Seiten verwende ich das Personalpronomen DU. Ich habe das Gefühl, dass ich dich damit besser erreiche und so eine Resonanz erstehen kann. Viel Glück, Erfolg und mögen viele Wünsche den gesegneten Weg zwischen Himmel und Erde finden, die himmlischen Götterboten ihn fangen, bearbeiten, sodass viele Wünsche, wie schon zuvor bei meinen Zauberlehrlingen, in Erfüllung gehen. Sei gesegnet!

6. Einen spirituellen Zauber-Plan erstellen

*Wenn du nicht weißt,
in welchen Hafen du segeln willst,
ist kein Wind der richtige.*

Wunsch-Besteller denken sorgfältig nach, bevor sie sich für eine bestimmte Technik oder eine besondere Art von Wunscherfüllungsritualen entscheiden. Du musst dir einen umfassenden Aktionsplan überlegen, in dem die Zauberei oder das Wünschen nur einen von mehreren Bestandteilen darstellt. Ja, eine Manifestation kann in wenigen Minuten gesprochen und ein Gebet in ein oder zwei Augenblicken gemurmelt sein, doch ohne einen vollständigen spirituellen Plan wirfst du möglicherweise Schneeflocken ins Lagerfeuer.

- Zu einem kompletten spirituellen Plan gehört intensives Nachdenken über das Ziel oder die Situation. Denk darüber nach, was du sein, tun und haben willst. Denk oft darüber nach, bis du dir völlig im Klaren darüber bist.
- Was möchte ich genau manifestieren – transmutieren? (siehe Quellenangabe)
  Wie lautet mein Wunscherfüllungsprogramm? Denn Bestellungen, die nicht im Widerspruch zu unseren wahren Herzenswünschen stehen, werden schnell und problemlos ausgeliefert.
- Lasse beim Wünschen immer deine Gefühle mit einfließen. Welches Gefühl möchtest du bei deiner Wunschvorstellung erfahren? Deine Gefühle erzählen dir die ganze Wahrheit.
- Verbanne sämtliche negativen Gedanken aus deinem mentalen Gebäude, denn unsere Gedanken verursachen unsere Erfahrung.
- Das Beste erhoffen und das Schlimmste befürchten ist sehr gefährlich.

- Bewusste Gedanken holen positive Erfahrungen.
- **Was du fürchtest, ziehst du an.**
- Es ist wichtig, zu vertrauen und zu wissen, dass die Sachen, die wir *wählen* und beabsichtigen, zu uns kommen, weil Zweifel die Äußerung unserer positiven Absichten behindern.
- Es werden Sätze und Wörter wie: *Ich will es versuchen, ich will es hoffen* und *ich will es mir wünschen, ich werde sein* und *nicht, nie, kein, genug, es reicht* aus dem Gedankengut entfernt.
- Anstelle von *ich beabsichtige, nicht mehr Angst zu haben* sage:
  Ich habe die Absicht, dass ich mutig bin. Statt *ich beabsichtige, dass ich nicht mehr im Mangel bin* sage: *Ich habe die Absicht, dass ich stets im ausgezeichneten finanziellen Geldfluss und im optimalen Lebensfluss bin.*
- Aktiviere den Aufbau einer positiven Verstärkung um dich herum.
- Programmiere deinen Verstand neu, sodass er Erfolg durch Nachdenken, Worte und Taten akzeptiert.
- Klopfe die positiven Programmierungen in den Thymus-Punkt, in den Dünndarm-Punkt, in die Dickdarm-4-Linie, den Leber-Punkt oder, oder, oder …, und sollte ein neues Problem auftauchen, reibe oder klopfe den Satz: *„Negative Zeit, negativer Raum, gehe dahin zurück, wo du hergekommen bist"*[1] in deinen heilenden Punkt oder auch Wunderpunkt genannt (siehe Kapitel „Klopfen").
- Verbinde dich mit der Göttlichkeit in allem, was du tust.
- Klarheit ist wichtig.
- Sage deine Absicht täglich.
- Richte deinen Geist voll und ganz auf dein Ziel. Und lass nicht eher davon ab, bis du es in der Realität manifestiert hast. Bleib fokussiert. Bleib zentriert.
- **Sei verschwiegen**.

- Beende deine Absicht immer mit diesem Lieblingssatz von mir: So ist es – so sei es zum höchsten Wohle aller Beteiligten. Amen und Danke.

Bevor du dich dem dreißigtägigen Zauber-Zyklus zuwendest, habe ich noch ein paar Fragen an dich, die du dir selber beantworten kannst.

➢ Welche Träume hattest du als Kind und hast sie später aufgegeben?
➢ Wem möchtest du gerne ähnlich sein?
➢ Was würdest du gerne tun, was du bisher nicht tun konntest?
➢ Was würdest du gerne tun, arbeiten, versuchen kennenzulernen, zu erfahren?
➢ Wo möchtest du sein, wenn dein Wunsch erfüllbar wäre?

Also welches ist dein größter Traum, dein größtes Ziel oder Wunsch? Mach dir klar, dass er nicht ohne Grund das ist.

Hast du die Absicht, ihn zu verwirklichen?

Erfolgt ein deutliches Ja, dann hast du schon einen ganz entscheidenden Schritt in eine Richtung getan. Der zweite entscheidende Schritt in diesem Prozess ist nun, ihn in dein Bewusstsein zu tragen. Gib deinem Bewusstsein eine klare und deutliche Anweisung:

Pass mal auf, in den nächsten dreißig Tagen geschehen Zeichen und Wunder.

So gibst du dir die fokussierte Aufmerksamkeit, eine gezielte Vorstellung, welchen Veränderungsprozess deine „Lebenswelt" erfahren wird.

Es gibt verschiedene Wege, dies zu tun und jeder Prozess wirkt für unterschiedliche Personen auf unterschiedliche Weise.

- Du kannst Affirmationen sprechen.
- Du kannst darüber meditieren.
- Du kannst eine Münze in den Trevi-Brunnen in Rom werfen.
- Du kannst Matrix-Übungen einfließen lassen.
- Du kannst Klopfübungen machen.
- Du kannst beten.
- Du kannst eine Kerze anzünden.
- Du kannst Seminare besuchen und Bücher zu diesem Thema lesen.
- Du kannst aber auch wunderbar glücklich durch das Leben gehen, weil du bist, wer du bist.
- Du kannst eine Wunschcollage oder Zeichnung anfertigen.
- Du kannst ...
- Ich glaube, es gibt noch mehr Sätze mit *du kannst* ...

Das Erste, was du behandeln musst, ist die Annahme, dass du deine Ziele entsprechend deinem unbegrenzten Lebensplan anpeilst und du dir dafür die universellen Energien hinzuholst. Offenbare deiner Bewusstseins-Welt dein Ziel – und wenn es nur dadurch ist, dass du dir selbst gegenüber zugibst:

Ich strebe es an!

Wie würdest du gerne aussehen, wenn dir der Erfolg, das Erreichen sicher wäre? Und was würdest du dem Universum dafür schenken?

Der dreißigtägige Erfolgsplan zur Erhöhung meiner ...

Bist du gefangen in den psychologischen Umkehrungen[2] (Das darf ich nicht. Ich muss für alles kämpfen. Immer ich …), offenbart sich vielleicht ein furchteinflößender Gedanke. Diesen Gedanken – und die ergänzenden Gefühle und Assoziationen, die ihn begleiten – schicke sie sofort mit den Worten aus dem Gedankenfeld:

WEG – UNGÜLTIG – LÖSCHEN[3] – PARALLELUNIVERSUM[4]

Wende diese Machtworte auf jeden und alle negativen Gedanken an, die dich auf deinem Wunsch-Weg begleiten.

Das Unterbewusstsein ist das Tor zur Erkenntnis
Deiner wahren Natur,
und Wunder werden geschehen,
weil Du die Kräfte Deines Geistes verstehen lernst.

Wer suchet, der findet, wer anklopft, dem wird aufgetan, wer danket, dem wird gegeben.
(Matthäus 7:7,8)

7. Was ist neu oder doch nicht neu in diesem spirituellen Zauber-Plan?

In dem spirituellen Plan habe ich einige Erneuerungen aufgeführt. Da ist zum einen das Wort *Herzenswunsch*. Herzenswunsch, was ist darunter zu verstehen? Hat der Herzenswunsch etwas mit den Gefühlen zu tun?

Im Organsystem des Menschen hat das Herz zwei Funktionen:

1. Das körperliche Herz hält die Vitalfunktion/die Homöostase aufrecht, ermöglicht den Blutaustausch, transportiert Nährstoffe, versorgt das Gehirn mit Sauerstoff und so weiter, ermöglicht also mit der elektrischen Pump- und Leistungsfähigkeit das Leben.

2. Das emotionale Herz ist sanfter und schwer zu definieren. Es steuert über die rechte Gehirnhälfte die Endorphine, Neurotransmitter, Neuropeptide, Hormone und erzeugt damit die positiven und negativen Gefühle. Diese Gefühle sind quasi die „Brandbeschleuniger" im Körper für freudige oder schmerzhafte Erfahrungen, Krankheit und Wohlstand, Hass und Liebe, Angst und Mut, Armut und Reichtum, Erfolg und Misserfolg.

Das emotionale Herz hat eine enorme magnetische Kraft und ist mit der universellen Kraft der Wunscherfüllungsgehilfe.

Der Schlüssel zum Erfüllen der Wünsche liegt also im Herz-Magnetfeld-Zentrum.

Es kann sich nur das wirklich in unserem Leben erfüllen, woran wir aus tiefstem Herzen glauben. Bei jedem Wunsch, den du für dich erfüllt sehen möchtest, ist das Gefühl absolut wichtig. *Mit dem Herzen sehen,* das sind auch die Worte des „Kleinen Prinzen".

Die Gefühle haben also eine Wirkung auf den Körper. Freude, Liebe, Dankbarkeit, Anerkennung zu üben, stärkt und aktiviert das Herz, die Organe, das Gehirn, das vegetative Nervensystem.

Das Herz synchronisiert alle Informationen aus den Feldern mit dem Gehirn und damit allen Organen und Zellen im Körper. Es hat sein eigenes Nervensystem, das Informationen unabhängig vom Gehirn erarbeiten kann.

Das bedeutet, was immer du dir wünschst, bringe du es von der Verstandesebene (Gehirn) in die Herzregion. Sollen deine Wünsche in Erfüllung gehen, vertraue und glaube fest und sei du von der Verwirklichung deiner Wünsche überzeugt. Beim Wünschen ist das Wesentliche deine Überzeugung. Wenn du davon überzeugt bist, sendet dein Herz mit 5000-fach größerer Stärke als dein Gehirn seine Energien aus und baut sehr beständig am geeigneten Resonanzfeld. Und andere DNA's kommunizieren mit allen anderen darüber, was du im tiefsten Herzen glaubst.

Mit einer besonderen Übung, die aus der Zwei-Punkt-Methode[1] bekannt ist, öffne ich das Magnetfeld des Herzens. Die Zwei-Punkt-Methode lehrt, dass du nur über das Herzfeld Zugang zum Nullpunktenergiefeld hast, dem unbegrenzten Energiepotenzial des Universums.

Die Zwei-Punkt-Methode

Dr. Bartlett hat diese Methode entwickelt. Es ist die Kunst der Transformation/Transmutation. Sie öffnet die Tür für außergewöhnliche Phänomene wie zum Beispiel die Verbindung zum unerschöpflichen Universum. Die Zwei-Punkt-Methode, von mir Matrix Healing[2] genannt, ist eine sanfte Berührung zweier Punkte (z. B. Körperpunkte) oder Punkte, die ins Auge fallen. Diese beiden Punkte müssen nicht unbedingt berührt werden, sie sind auch gedanklich sehr gut miteinander zu verbinden. Sie können mit der ganzen Hand, aber auch nur mit den Fingern berührt werden. Auf quantenphysikalischer Ebene verursacht dieses willkürliche Zusammenfügen, nachdem ich die Absicht beziehungsweise das zu behandelnde Thema ausgesprochen habe, eine Veränderung in der Bewertung einer bestimmten Situation. Die Punkte, die bewusst oder auch unbewusst (manchmal verbinde ich die Punkte nur mental) verbunden sind, werden praktisch oder gedanklich losgelassen, so als würde ein kleines Steinchen in einen Brunnen fallen. Im Augenblick des innerlichen Loslassens werden spontane Prozesse der Reorganisation eingeleitet.

Wie muss das innere Loslassen verstanden werden?

Stelle dir einen Kieselstein vor, den du in ein Wasser wirfst. Dieser Kieselstein erzeugt Wellen, die sich immer weiter ausbreiten. Sie erweitern sich, sie „laufen aus" und erzeugen eine immense Resonanz.

Eine zweite Übung, die das Loslassen wunderbar repräsentiert: Stelle dir vor, dass zwischen deinen Augenbrauen ein Diamant, ein Saphir, eine Perle oder ein Edelstein deiner Wahl liegt. Diesen Edelstein informierst du mit den Worten *Liebe, Dankbarkeit, Vertrauen, Glauben, Mut.*

Lasse jetzt den Edelstein in das Herzzentrum fallen und spüre, wie die Wellen deines Herzens sich um den Körper ausbreiten. Fühle, wie sich die Wellen immer weiter ausbreiten zu einem unendlichen Ozean. Du bist nun in dem unendlichen Magnetfeld des Herzens.

Das ganze Universum ist im Körper enthalten, der ganze Körper im Herzen. So ist das Herz der Kern des ganzen Universums.
Ramana Maharshi

Erklärung:
1. Erster Punkt: Suche nun mit der ersten Hand einen Punkt – egal welchen – an deinem Körper, den du gedanklich mit dem Wunsch verbindest.
2. Die linke Gehirnhälfte (Verstand) ist mit deiner ersten Hand beschäftigt. Die Intuition (rechte Gehirnhälfte) hat nun freie Bahn und sucht den Lösungspunkt. (Ich lege meine erste Hand auf die Hüfte.)
3. Zweiter Punkt: Suche deinen Lösungspunkt mit der zweiten Hand. Du hast nun deinen zweiten Punkt gefunden.
4. Absicht: Formuliere nun die Absicht klar und präzise, positiv und im Hier und Jetzt.

Den Garten des Paradieses betritt man nicht mit den Füßen, sondern mit dem Herzen.
Bernhard v. Clairvaux

Übung: Herzenergiefeld öffnen
1. Suche den ersten Punkt und verankere die linke oder rechte Hand.

2. Formuliere deine Absicht: „Ich öffne das Herzenergiefeld ganz weit auf der Vorderseite und

Rückseite und auf allen fünf Ebenen des Seins für: Liebe, Vertrauen, Glauben, Dankbarkeit, Mut, Vergebung, Erfolg, Gnade, Glanz, Ruhm, Macht, Wissen, Neugeburt, Fülle, Transmutation, Wohlstand, Reichtum, Frieden, göttliche Energien und für alle Informationen, Geschenke und Schätze des Universums, welche für mich bereitstehen."

3. Suche den zweiten Punkt und berühre mit der rechten oder linken Hand einen Körperpunkt.

4. Lasse los (z. B. durch bewusstes Ausatmen), und dann sagst du: „Und los geht's."

Nach dieser Herzöffnungsübung bist du sehr tief mit der positiven Wunscherfüllung verbunden, und es können sich Lösungs-, Heilungs- und Wunschübungen anschließen.
Diese nun folgenden Wunsch-Beispiele beziehungsweise Sätze sind genauso zu gestalten, wie ich sie unter der Zwei-Punkt-Methode beschrieben habe.

In der Zwei-Punkt-Methode hat das „Nicht-Wissen", das „NICHT-DARÜBER-NACHDENKEN" oder das „Ich weiß, dass ich nichts weiß" eine besondere Bedeutung. Mit deiner gewählten Absicht bist du in der fokussierten Aufmerksamkeit. Dein Verstand ist still, und deine Intuition erfährt und erlebt die große Kraft des Universums. (Schwer zu verstehen und doch grenzenlos leicht zu gestalten.)

Wunsch-Beispiele:
- Ich habe die Absicht, das Gesetz der Anziehung für eine optimale Partnerschaft zu aktivieren.
- Ich habe die Absicht, für mich weniger Arbeit, dafür mehr Geld und mehr Freiraum zu transmutieren.

- Ich habe die Absicht, jetzt sofort in und bei meinem Konto die Energien auszugleichen und sie in Harmonie zu führen.
- Ich habe die Absicht, Geld aus unbekannter Quelle für die Erfüllung meiner Wünsche zu transmutieren.
- Ich habe die Absicht, für mich Gesundheit, Wohlergehen, Freude, Glück und jede Menge Endorphine zu transmutieren.
- Ich habe die Absicht, für mich und meine Familie eine herrlich sonnige Wohnung zu finden.
- Ich habe die Absicht, mein optimales höheres Selbst zu transmutieren.
- Ich habe die Absicht, jetzt sofort meine finanzielle Unabhängigkeit und meine Lebensqualität optimal zu harmonisieren.
- Ich habe die Absicht, dass die Reise (Wohin? ...) ein optimaler Erfolg wird.
- Ich habe die Absicht, für meine Tochter/für meinen Sohn etc. einen perfekten Prüfungsabschluss zu transmutieren, und aktiviere dazu alle erforderlichen kosmischen Energien.
- Ich habe die Absicht, ein erfülltes Leben zu führen.
- Ich habe die Absicht, gesund zu leben. (Was auch immer man darunter verstehen mag.)
- Ich habe die Absicht, ein Haus am Strand zu besitzen und ein rotes Cabrio zu kaufen.
- Ich habe die Absicht, gesunde Beziehungen zu führen.
- Ich habe die Absicht, dreimal im Jahr Ferien zu machen.
- Ich habe die Absicht, ...

Spüre die imaginäre Welle.
Lasse gedanklich los, und ES geschieht von selbst.

All dies sind Entscheidungen, die du für deine eigene Zukunft fällen kannst, und zwar genau jetzt. Du greifst damit nicht nach dem Unmöglichen, und es geht dabei auch nicht um bloße Wunschträume. Vielmehr entscheidest du dich, dein Leben um Alternativen zu bereichern. Und du bestätigst vor dir und der Welt, dass du bereit bist, auf diese Ziele hinzuarbeiten.

Wenn es dir schwerfällt, eine solche Liste mit Entscheidungen aufzustellen, konzentrierst du dich zunächst auf sehr einfache, grundlegende Dinge wie zum Beispiel Nahrungsmittel, Beruf, Partnerschaft, Kinder und so weiter. In den nächsten dreißig Tagen wirst du grundlegende Entscheidungen für dein Leben erfahren. So kannst du zum Beispiel in dein Tagebuch schreiben:

„Ich habe die Absicht, mein Leben von Grund auf neu zu gestalten. Ich suche ab jetzt nicht mehr am falschen Ort nach Antworten. Ich habe jetzt für mich den perfekten Ort gefunden."

Anschließend listest du detailliert die Ressourcen auf, die du in Zukunft in deinen täglichen Lebensplan aufnehmen willst. Wichtig ist es aber auch, damit dein Leben mehr und mehr auf der Gewinnerseite steht, zu fragen: „Gibt es zu meinen Wunsch-Themen psychologische Umkehrungen?" Oder: „Suche ich am falschen Ort nach Antworten?"

Halte deine Hände offen vor auf deinen Körper und frage …
Bei Ja fällst du nach hinten, bei Nein bleibst du stehen. So einfach.

Gestalte dazu die Matrix-Übung mit den Machtwörtern oder auch dem Satz: *„Negativer Raum, negative Zeit, gehe dahin zurück, wo du hergekommen bist."*

8. Die Gehirnsysteme

Das Zauberbuch war schon fast geschrieben und doch ... In mir entstand ein kleiner Leerraum. Es fehlte etwas Brisantes, etwas Wichtiges, ein gewisses I-Tüpfelchen.

Bald darauf ereignete sich etwas Wunderbares. Ein phänomenales Buch von Alberto Villoldo/David Perlmutter fiel mir in die Hand: „Das erleuchtete Gehirn". In diesem Buch schreibt Alberto Villoldo über die Entdeckung des amerikanischen Neurowissenschaftlers Paul D. Maclean. Er präsentierte Mitte der 1950er-Jahre ein Modell mit dem Namen „Das dreieinige Gehirn". Er glaubte und meinte, dass durch die Evolution das menschliche Gehirn drei unterschiedlich entwickelte Neurocomputer aufweist. Dieses Modul war mehr als eine Metapher denn als anatomische Grundlage zu verstehen. Aber vielleicht ist ja doch, wie oftmals in allem, etwas Wahres darin zu entdecken.

Die Gehirnsysteme haben zusätzlich zu dem Herz-Magnetfeld einen nicht zu unterschätzenden Wert. Auch wenn dem Herz-Magnetfeld eine sehr starke magnetische Frequenz innewohnt, liegen doch erhebliche „Wunschblockierer" in den verschiedensten Systemen des Gehirns. Aus meiner heilpraktischen Tätigkeit erfahre ich durch Berührung des Körpers sehr früh, dass das Gehirn mit dem limbischen System, dem Bewusstsein und Unterbewusstsein, der Emotional-Linie, die sich am Hinterkopf befindet, erhebliche Störfaktoren aufweist. Zusätzlich kristallisierte sich bei einigen Wunschbestellern im täglichen Zauber- und Wunschritual eine deftige Blockade, die kaum aufzulösen war.

Meine gedankliche Frage war: „Warum bekomme ich beziehungsweise der Wunschbesteller diese Blockade/diesen Widersacher nicht in den Griff?"

Mit dem Buch „Das erleuchtete Gehirn" kam der AHA-Effekt.

Die großen Erkenntnisse von Paul D. Maclean beruhen darauf, dass das Gehirn zwar aus Milliarden von Nervenzellen besteht, aber immer noch auf das prähistorische Überleben ausgerichtet ist. Es fällt ihm schwer, sich mit dem neuen neuralen Netzwerk, also mit der neuen Zeit, anzufreunden.

Dr. David Perlmutter und Alberto Villoldo erfassten und erforschten die Gehirnsysteme. Ihre Erkenntnisse sind noch weitergehend. Diese Forschungsergebnisse möchte ich dir im kurzen Überblick auf den nächsten Seiten mitteilen.

Der Mensch hat vier Schaltkreise, zwei alte und zwei neue Systeme. Wenn diese vier Systeme optimal in Harmonie arbeiten, wird der Neurocomputer perfekt programmiert. Was heißt das?

In einer Parabel der nordamerikanischen Prärieindianer fragt ein junger Mann seinen Großvater: „In mir sind zwei Wölfe. Der eine will töten und zerstören, der andere Schönheit und Frieden bringen. Sag, Großvater, welcher Wolf wird siegen?" Der alte Mann erwidert: „Der, den du fütterst."[1]

Ein sehr wichtiger Teil des Gehirns gehört zum limbischen System. Es ist der Bereich, in dem das Bewusstsein, das Unterbewusstsein und viele Emotionen angesiedelt sind. Sobald der emotionale alte Teil des Gehirns geheilt und Synergie zwischen den vier Gehirnsystemen entstanden ist, wird das neue System – der präfrontale Kortex – mit all seinen Gaben von allein erwachen.

Körper und Geist müssen geheilt werden, um den präfrontalen Kortex zu stärken. Nur dann ist es möglich, dass Frieden, Heilung, Glückseligkeit, Wunscherfüllungen, Regeneration programmiert werden.

Du wirst dem Glück nicht mehr hinterherjagen, sondern es steigt mühelos aus dem Inneren auf. Für den präfrontalen Kortex ist Glück weder Zufall noch Glückssache. Er ist der Schatz einer klaren Wahrnehmung, der auf Ewigkeit dir gehört.

Das alte Gehirn[2]

Das **1. Gehirn** ist das protoreptilische Gehirn oder R-Gehirn. Dieses Gehirn existiert seit Jahrhunderten von Jahren. Diese Gehirnregion reagiert intensiv und will vor allen Dingen überleben.

Beispiel: Ist dein Leben ein Kampf ums Überleben? Musst du ständig kämpfen, um finanziell über die Runden zu kommen? Lebst du von der Hand in den Mund? Werden dir immer Steine in den Weg gelegt? Musst du ständig dem Glück hinterher jagen?

Wenn ja, sitzt das Reptiliengehirn am Steuer. Es ist das älteste Gehirnsystem, das zu jedem Menschen gehört. Nur bei dem einen ist es stark ausgeprägt, bei dem anderen wird es nur angekratzt.

Das **2. Gehirn** ist das limbische System, das in erster Linie aus Amygdala, Hippocampus, Hypophyse und in zweiter Linie aus Thalamus, Hypothalamus, Epiphyse besteht. Es ist das paläomammalische Gehirn oder M-Gehirn. Es entschlüsselt Signale der vier Grundprogramme Angst, Nahrung, Fortpflanzung und Kampf.

Der Kampf- und Fluchtweg wird zum einen über dieses System gesteuert und beeinflusst zweitens sehr intensiv die HHN-Achse. (Stresshormone wie zum Beispiel Adrenalin, Noradrenalin, Dopamin, Kortison, Serotonin usw. werden aus der Hypophyse, dem Hippocampus und der Nebennierenrinde bereitgestellt und beeinflussen die emotionalen Verhaltensstrukturen.)

In diesem System werden die Konditionierungen, Verhaltensregeln und die Emotionen gestaltet, gespeichert und verarbeitet. Aus diesem System heraus gestaltet der Mensch die Welt und legt seine Charaktereigenschaften bewusst oder unbewusst fest.

Beispiel: Lernst du deine Lektion aus schwierigen Liebesbeziehungen? Entwickelt sich deine Partnerschaft immer nach alten Mustern? Verwandelt sich dein Frosch nach den Flitterwochen in einen Frosch mit Alkoholproblem – wie der schon davor? Gerätst du immer an beleidigende Chefs oder Geschäftspartner, die deine Arbeit offenbar nicht zu schätzen wissen? Auch die psychologischen Umkehrungen[3] mit „Ja, aber warum ich ...", „Mit mir kann man es ja machen ...", „Ich möchte so gerne, doch ..." und „Ach, das möchte ich auch ..." sind hier fest verankert.

Gibt es in Stresssituationen Ängste und Konzentrationsstörungen? Bist du oftmals vor lauter Angst im „Käfig" gefangen? Möchtest du gerne mutiger sein, aber die Angst/Furcht lähmt dich?

Wenn dem so ist, steht dein Bewusstsein unter dem Einfluss des emotionalen zweiten Gehirns. Seine wichtige Aufgabe ist es, anhand unserer Gefühlslage Bedrohungen instinktiv zu erkennen und darauf zu reagieren.

Wenn wir rein instinktiv auf alle vermeintlichen Bedrohungen reagieren, ist dies insofern problematisch, da wir dem Amygdala – Stress- und Glücksschalter – die Kontrolle über unser Verhalten überlassen statt uns der Logik des präfrontalen Kortex zu bedienen.

Wenn wir lernen, uns und anderen zu vergeben, können wir die giftigen neuronalen Netze des limbischen Systems neu programmieren.

Verzeihen und vergeben hat einen dominanten Sitz im limbischen System. Um uns und anderen wirklich verzeihen zu können, müssen wir die Programmierungen aktualisieren, aus dem unsere einschränkenden Überzeugungen entspringen. Aber hier beißt sich die Katze in den Schwanz, denn solange wir nicht vergeben, wird es uns schwerfallen, neue neuronale Netze zu bilden.

Möchtest du dich von den unmittelbaren emotionalen Reaktionen des limbischen Systems lösen, heißt die erste wirkungsvolle Maßnahme: Ich schicke meine Gedanken/meine Widersacher mit dem Lichtstrahl ins Paralleluniversum[4] und entlasse sie mit den Machtwörtern:

WEG – UNGÜLTIG – LÖSCHEN[5]

Auch mit der Herzöffnungs-Matrix kann ich Vergebung und Verzeihen üben.

Des Weiteren gibt es eine wunderschöne Verzeihungsübung, die im Anhang einzusehen ist.

Denn nicht nur über und mit der Ernährung und den Umweltgiften schüren wir im körperlichen System die Oxidation, Toxizität und Entzündungen, sondern auch über die Gedankenwelt. Wenn unser Denken und unser Gedächtnis einrostet, sind wir zu keinen originellen Gedanken fähig: „Es war immer schon so, und so wird es bleiben. Basta." Obwohl die persönliche Umgebung einen Veränderungsprozess durchläuft, wird dieser in diesem Denkmodell nur verschwommen wahrgenommen.

Für dich aber, der aufmerksam, neugierig und wissbegierig ist, gibt es neue Nachrichten. Die erste gute Nachricht signalisiert dir: Gestalte dein neues Denken, dein neues Tun mit konzentrierter fokussierter Aufmerksamkeit. Nur so entwickelst du ein neues Verhalten und vielleicht ein optimales Selbst und so ein spannendes und interessantes Leben.

Und die zweite gute Nachricht ist, dass du bewusst schlechte negative Verhaltens- und Gefühlsweisen mit Matrix und mit der Klopftechnik auflösen kannst.

Wichtig ist, dass du so den alten Angst- und Wut-Schaltkreisen Nährstoffe entziehst und deine Aufmerksamkeit auf neue positive Nervenverbindungen richtest. Zum Glück ist dazu jeder in der Lage, und ganz besonders DU. Somit ist jeder nie zu jung, um den eigenen Verstand zu schützen und um „im Alter" länger jung zu bleiben.

Das neue Gehirn[6]

Das **3. Gehirn** ist der Neokortex. Es ist beim Menschen für das höhere Denken, die Sprache, das Schreiben zuständig. Der Neokortex verarbeitet die Signale auf ganzheitliche Weise und interpretiert die von außen eingehenden Bilder und Geräusche als zusammenhängende Botschaft. Der Neokortex hilft uns, den Wert aller Menschen zu erkennen und nicht darüber nachzudenken, wie sie uns nützen oder was wir auf legalem oder illegalem Weg von ihnen bekommen könnten. Er erinnert uns auch daran, ganz ohne Grund bei Freunden anzurufen und ihnen alles Gute zu wünschen und uns nicht nur zu melden, wenn wir sie um einen Gefallen bitten wollen. Selbstlose Liebe, logisches Denken und Urteilsvermögen sind hier angelegt. Innovative Ideen, über Demokratie nachdenken, Mathematik verstehen, Gedichte schreiben, Musik komponieren, Kunst schaffen, von Freiheit träumen und uns die Zukunft vorstellen können. Ja, dieser Schatz liegt im Neokortex. Er wartet darauf, geborgen zu werden.

Der Neokortex wird mit den höheren Gehirnfunktionen in Verbindung gebracht. Er kann nicht nur räumliche, sondern auch zeitliche Bezüge herstellen. Er kann dafür sorgen, dass wir Vorräte anlegen, dass wir uns den Jahreszeiten anpassen, mathematische und musikalische Neigungen entwickeln. Er kann sich in der Polarität von allem bewegen und ist in der Lage, das limbische System mit den vier Grundprogrammen zu bändigen. Er beteiligt sich an meditativen sowie transzendentalen Erfahrungen. Er verbindet den Glücksschalter (Amygdala) mit dem präfrontalen Kortex. Er ist daher in der Lage, die Wahrnehmung der eigenen Person und des eigenen Tuns in Beziehung zu anderen Menschen und dem Rest der Welt zu setzen. Da Meditation diesen Kreislauf besonders gut unterstützt, vermuten die Wissenschaftler, dass sich Spiritualität und Bewusstsein parallel zueinander weiterentwickeln.

Beispiel: Stehen dir dein Intellekt, deine Leidenschaft und deine Freude im Weg? Musst du immer alles analysieren? Hörst du weder auf deinen Instinkt noch auf deine Intuition? Misstraust du allem, was nicht wissenschaftlich bewiesen ist? Bist du von deinen Gefühlen abgeschnitten und für die Gefühle anderer unempfänglich, selbst wenn du dir Mühe gibst? Wenn ja, bist du an die teuflische Lektion des Neokortex gefesselt.

Zum Thema analysieren und zur wissenschaftlichen Reflexion im Neokortex gibt es ein herrliches Histörchen von Albert Einstein.

Als Albert Einstein vor einem Publikum seine Relativitätstheorie vorstellte, sprach ein Wissenschaftler in der Menge so laut, dass es alle mithören konnten:

„Wissen Sie, Herr Einstein, ich traue nur meinem gesunden Menschenverstand und glaube nur das, was ich sehe".

Einstein erwiderte: „ Dann kommen Sie bitte nach vorne und legen sie ihren gesunden Menschenverstand auf den Tisch, damit ich ihn sehen kann."

Der **präfrontale Kortex**[7] ist der Schlüssel der Erleuchtung. Er liegt an der Stirnseite des Gehirns und ist unser Schlüssel zur Zukunft, unser Schlüssel der Erleuchtung, unsere Antwort auf die uralten Fragen: Wie können wir ein langes und gesundes Leben führen, frei von zerstörerischen Krankheiten und degenerativen Erkrankungen des Gehirns? Wie können wir das stumpfe Blei des menschlichen Leidens in das Gold eines erleuchteten Bewusstseins verwandeln? Wie können wir das Gehirn auf Leben, Gesundheit und Freude programmieren? Wie können wir uns entwickeln?

Der präfrontale Kortex setzt primitive emotionale Reaktionen außer Kraft, wie zum Beispiel Wut, Lust, Angst, die ihren Umgang mit den Ereignissen des Lebens beeinflussen und einen starken Einfluss auf die Ursache von Krankheiten haben.

Der präfrontale Kortex wird den höheren Hirnfunktionen sowie dem logischen Denken, der Erfindung des Alphabetes und der Musik, der Entdeckung der Wissenschaft und dem kreativen Denken zugeordnet. Viele seiner Funktionen sind uns noch immer ein Rätsel. Wir wissen aber, dass er eine gewisse Rolle für den menschlichen Unternehmungsgeist und der Fähigkeit spielt, zukünftige Szenarien zu entwerfen, und er dürfte der Ursprung unserer Individualität, unseres Selbstverständnisses sein.

Wenn Synergie in den drei Gehirnsystemen herrscht, ist der präfrontale Kortex voll erwacht. Wie können Intelligenz und Kreativität in ihrer höchsten Form entwickeln und sind doch geerdet und können in der Welt funktionieren. Wir wissen, welche Rolle wir in unserem Dorf und in der Geschichte spielen. Wir sind zu neuen Gedankengängen fähig und können erkennen, was uns daran hindert, eine höhere Bewusstseinsstufe zu erreichen, und was uns dabei helfen kann. Uns wird klar, wie wir überleben und gedeihen können.

Jeder Mensch besitzt die Gabe zu diesem besonderen Bewusstseinssprung. Das Gehirn hat schon vor langer Zeit die Voraussetzungen dafür geschaffen. Wenn wir einen Blick in die Vergangenheit werfen, dann stellen wir fest, zu welchen außerordentlichen, fantastischen, sensationellen, kreativen und innovativen Leistungen die Menschheit fähig ist, wenn sie sich auf die im präfrontalen Kortex vorinstallierte Software verlässt.

Wir haben alle unsere Geschichten und sind unsere Geschichten. So wie eine Hand die andere wäscht, formen unsere Erfahrungen unsere Gehirne und beeinflusst unser Gehirn unsere Erfahrungen. Es gibt im Wesentlichen zwei Lebensgeschichten: Die eine ist in unserem genetischen Code festgeschrieben, den viele Menschen für unabänderlich halten. (Im Anhang findest du eine Meditation, die vielleicht den ursprünglich angelegten genetischen Code verändern kann. Alberto Villoldo ist von dieser Möglichkeit überzeugt.) Die andere besteht aus der psychologischen Erklärung, die wir ganz bewusst immer und immer wiederholen.

Und diese psychologische Erklärung beginnt oftmals mit:

„WEIL ..." und „Ja, aber ...". Im Idealfall entdeckst du auch, dass du der Geschichtenerzähler und nicht die Geschichten, der Mythenschreiber und nicht die Mythen bist. An dieser Erkenntnis ist der präfrontale Kortex beteiligt. Es ist der einzige Teil des Gehirns, der zu dieser Ebene erleuchteter Erkenntnis fähig ist und den Pinsel schwingen kann, um eine nagelneue Lebenslandschaft zu entwerfen. Dazu musst du dich von deinen alten Mythen befreien – sie gewissermaßen sogar erschlagen – und neue Landkarten für die weitere Reise zeichnen.

Beispiel: Bist du flatterhaft, fehlt es dir an Erdung, bist du völlig abgehoben? Hast du beim Betreten eines Zimmers schon wieder vergessen, was du eigentlich wolltest? Bist du mit anderen Dingen mehr beschäftigt als mit der unmittelbaren Gegenwart? Nimmst du jede Einladung an? Tanzt du gerne auf drei Hochzeiten gleichzeitig? Rührst du in jedem Pott mit? Fehlt dir die Kraft, aus deiner Mitte heraus zu agieren? Benutzt du häufig die Worte „wenn ich doch mehr Zeit hätte ..."?
Wenn ja, dürfte der präfrontale Kortex dein Bewusstsein fest im Griff haben.

Falls eines der Gehirne die Oberhand hat, ist dies als ein Zeichen dafür zu sehen, dass die einzelnen Teile nicht zusammenarbeiten und dass diejenigen, die sich gerade im Hintergrund halten, einem anderen den Vortritt lassen und ihm gestatten, nur einen begrenzten Ausschnitt an Eigenschaften zum Ausdruck zu bringen.

Um den Konflikt im neuen und alten Gehirnsystem nachvollziehen zu können, müssen wir die Macht des präfrontalen Kortex oder des neuen, höheren Gehirns mit dem des alten Gehirns vergleichen.[8]

Für das alte Gehirn ist die Welt ein furchterregender Ort. Es sieht überall Rivalen, die um die knapp bemessenen

Ressourcen konkurrieren. Es will überleben und ist ständig bereit, dafür zu kämpfen oder zu fliehen. Das alte menschliche Gehirn ist auch der Ort des Glaubens. Mein Gott ist stärker als dein Gott. Nur die Menschen mit dem eigenen Glauben sind auserwählt, alle anderen sind Heiden, denen im Jenseits höllische Erfahrungen bevorstehen. Das alte Gehirn sucht nach magischen und religiösen Erklärungen der Naturphänomene.

Die beiden älteren Gehirne beurteilen, ziehen Zäune und denken: „Die da drüben sind anders als wir." Dieses Wissen ist notwendig, um das Überleben zu sichern, beeinträchtigt aber die Vorstellung von einer globalen Gemeinschaft. So baut sich jeder seinen eigenen „Paradiesgarten".

Ich denke, Beispiele dieser Art gibt es genügend, und da wir es anders wissen, können wir besser Toleranz üben und in eine andere Richtung gehen.

Das neue Gehirn weiß sehr genau, dass wir nicht in ständiger Angst leben müssen. Es weiß, dass wir nicht in einer feindlichen, von Tod und Teufel heimgesuchten Welt leben und ums Überleben kämpfen müssen. Es versteht, dass wir alle miteinander verbunden und so in Resonanz sind.

Doch selbst dieses Denken ist eine Frage des Bewusstseins. Anfangs gelangten Menschen nur in abgeschiedenen Bereichen und in tiefer Meditation und Einfachheit zur Erleuchtung, zum Weg der Weisheit. Heute haben wir – Himmel sei Dank – fantastische Möglichkeiten, uns in einen anderen Bewusstseinszustand zu heben.

Das ältere Gehirn führt mit dem älteren Denken den Menschen und die breite Bevölkerung in die Wege der Angst. Es strebt weiter nach Reichtum und einer Rechtfertigung für seine Gier, während das neue und weiterentwickelte Denken von den Menschen verlangte, die Wege der Liebe, der Weisheit zu beschreiten. Seit Jahrtausenden wird die Menschheit von diesen scheinbar gegensätzlichen Forderungen gequält – bis heute. Der Widerspruch wird sich erst auflösen, wenn es uns gelingt, die wahrhaft heilenden neuronalen Programme des präfrontalen Kortex aufzurütteln.

Offensichtlich kann das im höher entwickelten Teil des Gehirns verankerte logische Denkvermögen nicht verhindern, dass wir leiden oder uns helfen, eine bessere, friedlichere und zukunftsfähigere Welt zu erschaffen.

An diesem Punkt der Geschichte muss unsere Spezies die nächste große Chance wahrnehmen, die der präfrontale Kortex bietet, um die uralte Vorstellung von einem Netz des Lebens zu verstehen, das alle Geschöpfe und sogar die leblose Materie über ein Informations- und Energiefeld miteinander verbindet.

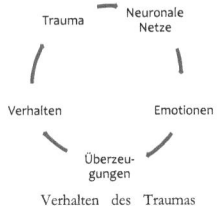

Um Erleuchtung zu finden und den Umgang mit diesem kosmischen Netz zu lernen, müssen wir zunächst den Körper heilen und das Trauma lösen.

Erst dann und mithilfe unseres präfrontalen Kortex können wir eine neue Welt im Dasein träumen und verwirklichen. Der präfrontale Kortex ist der Schatz der klaren Wahrnehmung, der auf immer uns gehört.[9]

OHASE – Optimal Hat Alles Sich Entwickelt
PHASE - Perfekt Hat Alles Sich Entwickelt
TRANSMUTATION

Dies sind drei wunderbare Kurzformen zum kinesiologischen „Klopfen".

Falls nun einige dieser Gehirne die Oberhand haben, schwebe ich zwischen Fantastereien und Wirklichkeit, zwischen Himmel und Erde oder bin immer auf der Jagd und komme nicht zum Ziel.

Alberto Villoldo benennt es so: „Um Synergie zu erleben, müssen Sie sich allerdings sowohl Ihrer finanziellen Situation als auch Ihrer Beziehungen bewusst sein, müssen Sie sowohl logisch denken als auch fantastisch träumen und müssen unbedingt dafür sorgen, dass alle geistigen Aktivitäten im Gleichgewicht sind.[10]"

So habe ich neben den Matrix-Übungen auch die Neutralise[11] in das Entspannungsprogramm mit eingebaut. Meine Zauberlehrlinge – und ich natürlich auch –, wir stellen uns oft auf die Neutralise.

Verankere einen Lichtkreis von der Erde bis zum Himmel, legen die Hände auf das Herzchakra und ziehen das violette Licht von oben nach unten oder von unten nach oben durch *den Lichtkreis,* denken oder sagen:

„Ich übergebe jetzt alle negativen Belastungen, alle unangemessenen Emotionen, alle Anhaftungen, einfach alles, was mich in meinem jetzigen Dasein belastet, stört, an die violette Flamme ab. Die göttliche violette Flamme von St. Germain reinigt mich auf allen Ebenen meines Seins und macht mich zu einem „Ultra-Leiter" für die göttliche Energie – und dafür danke ich von ganzem Herzen!"

Lasse es in Liebe und Dankbarkeit geschehen.

Wenn wir etwas in unserem Leben ändern wollen, müssen wir unser Gehirn dazu bringen, nicht mehr in alten Sequenzen und Kombinationen zu arbeiten.[12]

Diese Matrix-Übung ist für mich mit die wichtigste und genialste Übung:

Übung: „Synergie der vier Gehirnsysteme"

1. Erster Punkt: Nacken

2. Zweiter Punkt: an Stirn und Augen

1. Übung
Ich lege die erste Hand auf den Hinterkopf (emotionale Linie), die zweite Hand auf die Stirn. Mit der „Stirnhand" ziehe ich Gedanken, Konditionierungen, Muster der Vergangenheit, Belastungen und Informationen auf allen Ebenen des Seins mit den Machtwörtern

weg oder **ungültig** oder **Paralleluniversum**

aus dem „Kopf".

2. Übung
Ich habe die Absicht,
    a. eine Synergie zwischen dem alten und neuen Gehirnsystem,
    b. zwischen der rechten und linken Gehirnhälfte, dem Groß- und Emotionalhirn,
    c. dem limbischen System, Bewusstsein und Unterbewusstsein und allen chemischen Substanzen, allen feinstofflichen Energien, allen Gehirnzellen

zu harmonisieren, zu optimieren, zu transmutieren und zu bewegen.

Dazu hole ich mit der freien Hand die universelle kosmische Heilenergie.

Lass los (z. B. ausatmen), und los geht's.

Möchtest du speziell die linke und rechte Gehirnhälfte bewegen und aktivieren, ist es etwas schwierig, in der Eigenbehandlung die Hände auf den Kopf zu legen.

Dafür steht die Nasenwurzel zur Verfügung. Sie stellt symbolisch beide Gehirnhälften dar. Die Nasenwurzel wird bei dieser Übung mit den Fingerspitzen vom Zeigefinger der rechten und linken Hand berührt, und so kannst du nun deine rechte und linke Gehirnhälfte optimieren, indem du sagst:

„Ich optimiere jetzt meine rechte und linke Gehirnhälfte, alle Neurotransmitter, Neuropeptide, alle chemischen Substanzen, alle feinstofflichen Substanzen, Nervenströme und Nervengeflechte, Synapsen und ich verbinde die rechte und linke Gehirnhälfte mit der Heilenergie 8^{13} (die liegende Acht) und alle anderen Heilenergien, die nötig sind, und ich bewege die Gehirnzellen."

Aktivieren – installieren – und los geht's.

PS: Es ist nicht unbedingt notwendig, dass du die ganzen Wort-Informationen aus der Herzöffnungs-Matrix-Übung bzw. Synergie-Matrix-Übung aufsagst oder vom Blatt abliest. Das Universum weiß ganz genau, welche neuen Frequenzen jetzt im Augenblick für dich notwendig sind. Ich habe sie nur geschrieben, damit du einen Überblick bekommst, was das Universum mit den zauberhaften Quantenwellen eventuell für dich bereitstellt.

ESR-Punkte – emotionale Stressreduzierung[14]

Bei emotionalen Belastungen hat sich in meiner Praxis wunderbar das Halten der Stirnhöcker bewährt. Der Übende hält dabei mit der Fingerkuppe leicht zwei Punkte zwischen Augenbrauenmitte und dem Haaransatz (siehe Foto), die sogenannten Stirnbeinhöcker. Hier wird der Mandelkern (Stress- und Glückschalter –Amygdala) mit Sitz im limbischen System aktiviert, der in Stresssituationen im Körper den Fluchtreflex und die Kampfreaktion auslöst. Der Mandelkern ist oftmals dafür verantwortlich, dass der Mensch in Stresssituationen blockiert ist und ein sogenanntes Blackout-Syndrom entwickelt. Auch hier ist es notwendig, die belastenden Situationen für einige Sekunden bis Minuten zu überdenken. Nach und nach entsteht aus der Kampf-Flucht-Reaktion eine optimale Balance mit der Aussage: „Es belastet mich nicht mehr so sehr."

Diese Übung hat in kritischen Lebenssituationen und besonders in Prüfungssituationen oder Klassenarbeiten eine heilsame Wirkung.

Beispiel: Schüler entwickeln in der Klassenarbeit plötzlich ein sogenanntes Blackout-Gefühl (zuhause konnte ich es, und in der Arbeit war alles weg). Bevor der Schüler zum Stift greift und alles Erlernte sich plötzlich wie von Geisterhand verflüchtigt hat, ist es sinnvoll, mit Halten der Stirnhöcker die *Klassenarbeit* oder *Teilaufgaben* in Ruhe durchzulesen.

9. Meditation – Harmonisierung der vier Gehirnstrukturen

Neben der Matrix-Übung „Synergie der Gehirnsysteme" ist es auch möglich, eine Meditation mit einfließen zu lassen.

Setze dich auf einen Stuhl,
oder lege dich auf eine nicht zu weiche Unterlage.
Atme ein und aus,
und lasse den Atem ruhig durch deinen Körper fließen.
Lege deine Hände locker und leicht auf die Oberschenkel.
Spüren nach, wie fest die Füße auf dem Boden stehen
oder die Fersen auf der Unterlage liegen.
Vielleicht hörst du noch Geräusche,
die von außen an dein Ohr dringen.
Nimm die Geräusche wahr, lasse los,
und spüre eine tiefe Ruhe in deinem Körper,
und du hältst die Augen geschlossen,
denn wenn man die Augen geschlossen hält,
kann man leichter nach innen gehen.
Und so sitzt oder liegst du,
fühlst nach, wie Kopf und Oberkörper gehalten werden,
wie fest der Rücken am Stuhl anliegt
oder von der Unterlage getragen wird,
und deine Gedanken können fliegen,
wie eine Möve über das blaue Meer
ohne Rücksicht auf Raum und Zeit.
Und du lässt mehr und mehr los
und hältst nicht fest.
Und so kannst du tiefer und tiefer gehen
oder auch höher oder höher steigen.
Und so lässt du nun ein Bild
deines Körpers vor deinem geistigen Auge

entstehen.
Schau es dir an,
und sei erfüllt von der Schönheit,
Vollständigkeit,
von der Vollkommenheit der Schöpfung.
In deinem Körper ist Raum
für unbegrenzte Möglichkeiten.
Und so fährst du mit dem Fahrstuhl höher und höher,
befindest du dich in der höchsten Etage deines Körpers,
in der großen Schalt-, Koordinations-, Informations-,
Organisations-Zentrale,
mit einer rechten und linken Seite.
Diese beiden Seiten werden durch viele Schleusentore
und Informationskabel, Synapsen
und mit vielen kleinen und großen Helfern perfekt koordiniert.
Hin und wieder ist es gut,
wenn man allen Bediensteten
einen optimalen Tag wünscht,
ihnen für die außerordentlichen Leistungen
ein Lob ausspricht
und zusätzlich nachfragt,
ob Erneuerungsmaßnahmen,
Hilfen angebracht
oder Reparaturen notwendig sind.
Denn manchmal herrscht hier ein Wirrwarr
von eingehenden und ausgehenden Informationen,
eine große Hektik von lauten und leisen Stimmen,
von Anweisungen
und ...,
obwohl alles geordnet,
schleichen sich oftmals kleine Fehler und Mängel ein.
Und du als Chef
schaust in deinem R-Gehirn,

deinem M-Gehirn,
in deinem Neokortex,
deinem präfrontalen Kortex,
in deiner rechten und linken Gehirnhälfte,
deinem Bewusstsein und Unterbewusstsein,
in deinem limbischen System nach
und gleichzeitig informierst du dich,
ob die HHN-Achse optimal funktioniert,
ob die Schilddrüse optimal eingestellt ist,
ob Neuropeptide, Neurotransmitter,
Hormone, Endorphine,
Nervengeflechte, Nervenbahnen,
Nervenzellen perfekt im Fluss sind
und die Blutwege strömen,
und ob die Gehirnnährstoffe ausreichend
transportiert werden,
und ...,
ob das Energiekraftwerk
in den Mitochondrien leistungsfähig ist,
und vieles mehr.
Manchmal musst du eine Anweisung zur optimalen
Verknüpfung geben.
Manchmal musst du hier und da eine geringfügige
Veränderung vornehmen.
Manchmal müssen alte Ablagerungen,
alte Muster gelöscht
und für ungültig erklärt werden.
Und manchmal ist es notwendig,
dass die vielen kleinen und großen Helfer
flink zu einem Groß-Saubermachen starten.
Manchmal klemmt auch im großen Schaltwerk ein Knopf, der
dann ausgetauscht oder repariert werden muss.
Ja, so ist es als Chef des Systems,

der nun die Absicht hat,
den alten und neuen Teil des Gehirns zu aktivieren,
um neue höhere
und weiterentwickelte Gehirnstrukturen zu transformieren
und transmutieren.
Und so fließt nun der Lebensstrom
in allen Schaltzentralen des Gehirns in Harmonie,
in optimaler Koordination und Kommunikation.

Mit einem großen Dank und Lob
verabschiedest du dich nun von den vielen
kleinen und großen Helfern
und dankst,
dass die universelle Heilenergie
mit dem klaren Licht
und den wundervollen Informationen installiert ist.
Und dankst der unendlichen Intelligenz,
dass sie nun von weit außen bis ganz innen,
von ganz oben bis ganz unten,
dein Energiefeld,
deine irdische und geistige Seele so strukturiert und Impulse so
setzt, dass die Schöpferkraft
der bedingungslosen Liebe mit dir im Einklang ist
zwischen Himmel und Erde.
So kannst du in Ruhe, Frieden, Liebe,
Vertrauen, Dankbarkeit
langsam zurückkommen ins Hier und Jetzt.
Dich bewegen und die Augen öffnen,
und in deine wundervoll gestaltete Körperwelt mit dem
universellen Licht eintreten.

10. Die Klopftechnik

auch genannt Mentalfeld-Technik[1], Emotionale-Freiheits-Therapie[2], Dynamind-Technik[3].

Im vergangenen Jahrzehnt gelang der alternativen Medizin ein enormer Sprung nach vorne. Diese junge Methode heißt in der Fachsprache MFT (*Mentalfeldtechnik*) EFT-Technik (*Emotionale Freiheitstherapie*) und Dynamind-Technik. Alle Techniken sind seit ca. zwanzig Jahren und länger präsent. In der Umgangssprache nennt man sie salopp kinesiologisches „Klopfen". Sie hat angeblich wenig mit Psychotherapie und doch wieder etwas mit Psychologie zu tun. Durch bestimmte Klopftechniken werden die Energiezentren auf der Meridianbahn im Körper gestärkt und gleichzeitig Blockaden gelöst und gelöscht.

Endlich frei! Emotionale und körperliche Blockaden auflösen mit der Klopftechnik.

Diese Technik wird energetische Psychologie genannt und beschäftigt sich mit zwei Arten von Problemen; zum einen mit den Ereignissen in deinem Leben, die Energieungleichgewichte verursachen, und zum anderen mit psychischen Umkehrungen (PU). Bei dem ersten Problem handelt es sich um Blockierungen in dem Energiesystem der Meridianverläufe.

Der **zweite Problembereich** ist der der psychischen Umkehrung[4] (PU). Sie tritt dann auf, wenn deine Energie in die falsche Richtung gelenkt wird. Es gibt **Blockaden** gegen das „**Glücklich sein**", gegen das „**Erfolgreich sein**" und, und, und … Da sind **Schwüre**, **Verdammungen**, **Gelöbnisse**, grundsätzliche **Ängste** und **Befürchtungen**, **negative Grundeinstellungen** oder **blockierende Glaubenssätze**. Sie machen es jedem unmöglich, sein destruktives Handeln und Denken abzustellen.

Da die Kinesiologie seit Jahren in meiner Praxis eine Behandlungsmethode ist, bin ich, so glaube ich zumindest, bestens vertraut mit den Klopfpunkten.

In einem Klopfseminar „Dynamind-Technik" von Serge Kahili King hörte ich – man höre und staune – erst jetzt etwas über die Vierpunkt-Methode. Serge Kahili King verwendet in seiner Klopftechnik nur vier Punkte. Diese vier Punkte fand ich sehr interessant, und mit drei weiteren Klopfpunkten integriere ich sie für meine Zauberwelt-Klopftechnik.

Diese im Anschluss beschriebene Kurzform finde ich sehr genial, prägnant, einfach, klar und plausibel.

Für mich ist es immer wieder spannend, feststellen zu müssen: Wenn ich mich mit einem Thema (so zum Beispiel „Zauberbuch") beschäftige, fließen wie von Geisterhand Informationen in mein Leben. Ist es wohl die fokussierte Aufmerksamkeit, die mich dann unterstützt?

„Heh, da kommt ja etwas Neues auf mich zu. Könnte es wohl wieder ein Schritt in eine neue Erfahrung sein? Okay, dann probieren wir es."
So sind dann zum Beispiel meine Gedanken.

In meinen Zauber-Wunsch-Seminaren verwende ich also neben Matrix Healing (Heilung des Bewusstseinsfeldes) jetzt zusätzlich die Vier- bzw. Sieben-Punkt-Methode. Es werden einfache Absichtssätze, Bestellungen oder prägnante Wünsche geklopft.

Ein Absichtssatz ist:
„Ich möchte, dass sich das ... ändert."
Der **optimale** Absichtssatz ist:
„Universum, ich habe die Absicht, dass sich das ... ändert!"
Oder einfach nur prägnant das bestellte Wunsch-Objekt wie z. B. Job, Auto, Haus, Reise, Einkommen, Partnerschaft klopfen.

Die Klopfpunkte:

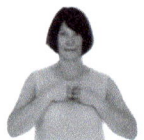 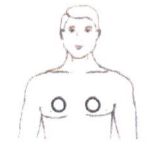 

Thymusdrüse klopfen
Ich habe die Absicht, dass sich das … ändert.

Neurolymphatische Punkte im oder gegen Uhrzeigersinn reiben
Ich habe die Absicht, dass sich das … ändert.

Handkante einzeln klopfen – Dünndarm 3
Ich habe die Absicht, dass sich das … ändert.

oder gleichzeitig klopfen

Kopfmitte-Leberpunkt

Manifestationslinie

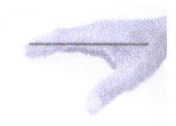

die Dickdarm-4-Linie rechts klopfen.
Ich habe die Absicht, dass sich das … ändert.

Ich habe die Absicht, dass sich das … ändert.

Ich habe die Absicht, dass sich das … ändert.

Manifestationslinie

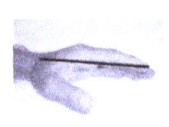

Zukunftslinie

Emotionallinie

Die Dickdarm-4-Linie links klopfen
Ich habe die Absicht, dass sich das … ändert.

Milz-Pankreas-Linie klopfen
Ich habe die Absicht, dass sich das … ändert.

Ich habe die Absicht, dass sich das … ändert.

Niere 27 speziell bei Allergien

Nackenlinie mit einem tiefen Atemzug klopfen.

Ich habe die Absicht, dass sich das ... ändert.

Anschließend, mit einem tiefen konzentrierten Atemzug, der in den Scheitel einfließt und konzentriert aus den Füßen ausfließt, ist die Klopftechnik beenden.

Paradoxien klopfen
„Auch wenn ich das Gefühl habe, es hat sich in meinem Leben nichts verändert, hat sich doch viel verändert und das erfüllt mich mit Liebe und Freude."
„Ich bin nicht dankbar, und doch bin ich dankbar, dass ich nicht dankbar sein muss, und es gibt mir so viel Freiheit."

Handchakra-klopfen.

Eine weitere sehr intensive Klopfform ist die Handinnenfläche. Sie wird mit der Faust geklopft. Dabei können folgende Sätze gesagt werden: „Ich habe es geschafft", „Urzustand[5] transmutieren", „Ich bin stark", „Ich bin voller Liebe", „PHASE" und „OHASE" „TRANSMUTATION"

Diese Methode verankert positive Wahrheitssätze und sorgt rasch für eine angenehme Energetisierung und für Wohlbefinden.

Nach jeder Behandlung oder einfach mal zwischendurch ist sie anzuwenden. Diese Methode bringt dich aus einem starken

Yin-Zustand heraus und beendet die entstandene Müdigkeit. Man klopft locker, ohne viel Druck, mit der Faust einer Hand und stampft leicht mit den Füßen auf. Geklopft wird im Dreivierteltakt, in das Zentrum der Handfläche der anderen Hand, sodass das Kleinfinger-Grundgelenk – Akupunkturpunkt Dünndarm 3 – in der Handtellermitte auftrifft. Also „eins – zwei – drei" mehrmals klopfen, während man den freimachenden Satz einmal laut ausspricht, mit klarer, ruhiger Selbstverständlichkeit. Dann wechselt man die Hand, klopft mit der anderen Hand und wiederholt den Satz. Anschließend werden noch einmal die Hände gewechselt. Du kannst dieses Klopfen so oft wiederholen, wie du möchtest.

11. Der Zauber mit dem Geld
Reichtumsandacht[1]

In diesem Augenblick gibt es kein Gestern.
In diesem Augenblick gibt es kein Morgen.
In diesem Augenblick gibt es nur das Heute.
Danke, dass ich mit meinem Lebenspotenzial verbunden bin.

Ich besitze schützende und wärmende Kleider.
Mein Nahrungsmittelangebot ist optimal.
Ich wohne in einem warmen, sicheren Haus.
Danke, dass ich mit meinem Lebenspotenzial verbunden bin.

In der Welt sind die Ressourcen grenzenlos.
Danke, dass ich mit meinem Lebenspotenzial verbunden bin.

Ich bin eins mit dem Universum.
Ich bin im Lichtstrahl des Universums.
Das Universum sorgt auf jede erdenkliche Weise für mich.
Danke, dass ich mit meinem Lebenspotenzial verbunden bin.

In diesem Augenblick gibt es kein Gestern.
In diesem Augenblick gibt es kein Morgen.
In diesem Augenblick gibt es nur das Heute.
Ich besitze wärmende und schützende Kleider.
Mein Nahrungsmittelangebot ist optimal.
Ich wohne in einem warmen, sicheren Haus.
In der Welt sind die Ressourcen grenzenlos.
Ich bin eins mit dem Universum.
Ich bin im Lichtstrahl des Universums.
Das Universum sorgt für mich auf jede erdenkliche Weise.
Ich transmutiere für mich die optimale Erfolgswelle.
Ich liebe Fülle, ich liebe Wohlstand, ich liebe Reichtum.
Ich liebe mich.
Das, was ich sage – ist wahr, so sei es – so ist es.
In Harmonie. In Wahrheit. In Liebe.
In Frieden.

Danke dir, unendliche Intelligenz, (Gott, Universum), dass ich in deiner Segnung bin. Danke, dass du mir geholfen hast zu verstehen, dass alle meine Sorgen, finanziellen Belastungen, Probleme schon gelöst wurden und ich in ausgezeichneter mentaler, physischer, psychischer und spiritueller Verfassung bin.

12. Wenn ich einmal Geld hätte – dann ...

Geld ist immer Schwarze Magie. Je gründ-
licher und sorgfältiger du dich diesbezüglich
um das fundamentale Wissen bemühst, umso
kleiner ist die Gefahr, dass du bei der Begegnung mit der
schwarzmagischen Kraft „**Geld**" Schaden erfährst, oder auch
anderen unabsichtlich Schaden zufügst.

Denk daran: Gedanken sind schöpferisch: Wenn du also glaubst, dass Geld etwas Schlechtes ist, du dich selbst aber für gut hältst ... na, du wirst schon sehen, welch ein Konflikt sich daraus ergibt.

Der Geldzauber hat etwas mit deiner Geisteshaltung zu tun. Ist die Synergie der Gehirnsysteme optimal und sind Blockaden, Saboteure aus den alten Gehirnsystemen mit der Zwei-Punkt- Methode mehr und mehr entfernt worden, geschehen auf wundervolle Weise seltsame positive Geschichten. Ansonsten schleicht sich beim Geldzauber immer wieder durch die Hintertür das Fehldenken – für alles muss ich kämpfen – ein. Euros und Cents rücken somit in weiter Ferne.

1. **Geld – man kann nie genug davon haben.**

Es sei dir bei diesem Satz gesagt, dass das Wort „nie" mit dem Wort „Nein" verknüpft ist, das heißt, dieses Wort wird von deinem Unterbewusstsein, das kein Nein-Programm hat, als ein „Ja" gehört. Für diesen Satz bedeutet das, dass du schon *genug* Geld hast und du damit den Fluss des Geldes mit deiner Energie nicht mehr unterstützt. Das Wort „genug" ist in unserer Sprache auch ähnlich belegt wie das Wort „es reicht". Mit Sicherheit kennst du Wortspielereien, in denen das Wort „genug" ein Ende herbeiführt.

2. **Geld – nur wer genug hat, kann gut leben.**

Damit schränken wir uns sehr ein. Das Muster vermittelt uns, dass unser jetziges Leben ungenügend gut ist. Was gleichzeitig bedeutet, wir säen einen Samen, der in uns immer wieder diesen Mangel-Baum – das alte Gehirnsystem – in unserer Lebenssituation wachsen lässt.

3.   Geld ist lebensnotwendig.

Dieses Muster hat gleich zwei Seiten. Die eine Seite ist die, die es in unserem Energiefeld spiegelt, das Geld für NOT-Situationen steht. Was passiert? Das Geld sucht sich einen Weg, der dir eine Not zufügt, um zu fließen. Das zweite Muster, das uns dieser Satz schenkt, ist die Tatsache, dass wir ohne Geld nicht leben können. Dies kann uns eine schöne Krankheit produzieren, und nach einer Zeit, in der viel Geld aus deiner unbekannten Geld-Quelle geflossen ist, ist die GELD - NOT da. Wir haben mit dieser Energie den Samen gesetzt. Wenn das Geld mal weniger vorhanden ist, weil wir sehr großzügig damit gehandelt haben, geht unser Körper in die Energie der Lebensarmut. Lebensarmut bedeutet hier, wir haben unsere Lebensenergie auf die Energie von Geld in NOT-Situationen ausgerichtet, und dann schwindet beides.

4.   Geld fließt zu dem, der Geld hat.

Das ist logisch. Wer bereits Geld hat, der strahlt dies aus, der ist sich seiner Fülle vollkommen bewusst. Dieser Mensch verschenkt keinen Gedanken daran, dass es zu wenig ist. Prüfe dich bei diesem Satz sehr genau, ob auch ein Konkurrenzmuster mitschwingt oder ein Glaubensmustersatz aus dem Schatz der Vergangenheit, wie zum Beispiel: *„Die Reichen werden immer reicher"* oder *„So reich möchte ich gar nicht sein"* oder wie dieser Glaubenssatz *„Gott bewahre ... mich vor plötzlichem Reichtum".*

5.   Geld, wer Geld hat, hat die Macht.

Wie definierst du Macht? Am schlauesten ist es in diesem Fall, du nimmst dir einen Zettel und schreibst alles auf, was dich an dem Wort „Macht" stört. Nimm deine Position zum Thema Macht ernst. Überlege dir, was du mit Macht, wenn du sie hättest, tun würdest. Verinnerliche dir ein Beispiel der Bezeichnung für Gott: „Die Allmacht des Vaters". Erschreckt dich dieser Satz, da du fühlst, du seiest machtlos gegenüber der größeren Macht?

In dem Wort MACHT steckt das Wort „machen", ein Synonym für die Worte handeln, tun, kreativ sein, als Schöpfer tätig werden. Unter diesem Aspekt der Wortwahl wird es schon leichter, oder? Also betrachten wir die Macht als eine Art schöpfendes Instrument unseres Willens. Damit diese Worte, Gedanken und Eigenschaften aus deinem alten Gehirn-System verschwinden, schicke sie mit dem Machtwort „WEG" „Löschen" ins Paralleluniversum.

6. Geld – man muss lernen, damit umzugehen.

Muss man lernen oder kann man das schon? Hinter jedem MUSS steckt ein großer Zwang. Zwang blockiert den gesamten Fluss. Zwang und zwingen sind Worte, die uns einquetschen. Man kann auch sagen, es entsteht großer Druck, der etwas zusammenpresst. Wenn wir mit der Energie des Geldes und der Energie der Liebe eine einheitliche Verbindung herstellen, sind wir immer in der Lage, weise mit den finanziellen Mitteln, die uns zur Verfügung stehen, zu handeln.

7. Geld ist nur gut, wenn man hart dafür arbeitet.

Ist das nicht sehr anstrengend? Bei all der Anstrengung mit dem Geldverdienen und diesem Muster nehmen wir uns selbst die Chance, leicht mit Geld umzugehen. Das Geld, das zu dir fließt, ist sehr schwer und hart. Es wird sich ganz schnell ebenso ergreifende und hart wirkende Situationen aussuchen, um dann wieder von dir zu gehen. Warum? Weil du deine Leistungen als hart betitelst, und damit energetisierst du sie. Du verurteilst außerdem den leichten Fluss von Liebe und schöpferischer Energie. Frage dich, wenn du zum Beispiel Lotto spielst und dabei mal so richtig Glück hast, ob dann dein Geld schlecht ist. Bedenke, du hast nicht hart dafür gearbeitet.

8. Geld dient als Rücklage für schlechte Zeiten.

Aha, und wann kommen die schlechten Zeiten? Wir können uns auch welche herbeirufen, die Energie des Geldes wird einen Weg finden, ihre Aufgabe zu erfüllen.[1]

Geld ist schlicht Energie.

Geld – Grün ist die Farbe des Geldes. Der Geldbaum, die dicke Berta, ist grün und hat dicke und fleischige grüne Blätter. Beim Begießen des Geldbaumes stellst du dir die „Goldtaler" vor. Du brauchst sie nur noch abzupflücken.

Ich verschicke und verschenke liebend gern einen Universums-Scheck an Freunde, Bekannte, Familienmitglieder und an meine Zauberlehrlinge und Zaubergehilfen.

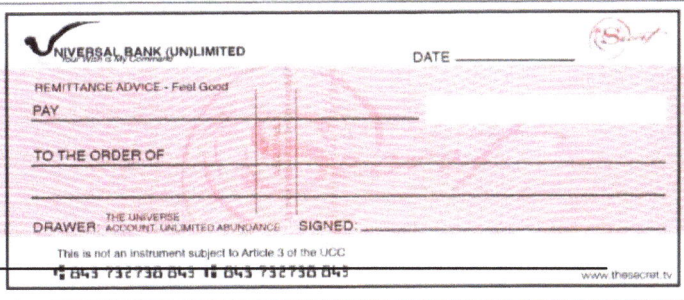

13. Die edlen energetischen Tricks

Ach, was wären meine kleinen und großen Zauberer – und ich ohne meine edlen energetischen Tricks.
Alle diese nun aufgeführten Wunscherfüllungsrituale sind erprobt und haben fantastische Erfolge verzeichnet. Erfolge sind im Anhang zu lesen.

Bist du bereit, zur Tat zu schreiten? Okay, dann lasse es geschehen.

Edle-Erfolgs-Kräuter
Gebe die folgenden Zutaten in ein Gefäß, mische sie miteinander, sodass die wundervolle erfolgreiche Edle-Erfolgs-Kräuter-Mischung entsteht:
Eine kleine Prise Goldglitter, Silberglitter, Rotglitter.
Wer möchte, kann auch noch Blattgold mit hineingeben (Steinmetz/Amazon).
4 EL gemahlene Kiefernnadeln – Reichtum, Schutz, Heilung, Fruchtbarkeit und Reinigung
4 EL gemahlene Zedernnadeln – Reichtum, Schutz, Wohlstand und Reinigung (Universalmittel)
2 EL gemahlenes Eisenkraut/Verbene
Ein bisschen Weihrauch, ein bisschen Beifuß, ein bisschen Salbei, ein bisschen Damiana, ein bisschen Mistel, ein bisschen Zypresse
3 Tropfen Vertiveröl
(Zum Mahlen der Kräuter nehme ich eine uralte elektrische Kaffeebohnenmühle)

PS: Ich helfe gerne: Telefon 05241.701234 oder
info@egreuel.de

Damianakraut – das Damianakraut ist gut zum Räuchern geeignet. Man ist damit auf der sicheren Seite. Man kann damit all seine Schecks, Kreditkarten und Geldscheine vor dem Einsatz mit Damianakraut räuchern. Schon die alten Ägypter haben dieses Kraut dazu eingesetzt, um finanziellen Erfolg zu erzielen.

Zypresse – Lebensbaum. Du kochst einen Sud aus den Nadeln. Träufel vielleicht sogar einige Tropfen davon in dein Putzwasser, wenn du deine Wohnung oder dein Büro reinigst, und auch deine Geldkassette. Auch beim Putzen des Telefons mit dieser Lotion haben sich schon Erfolge im Hinblick auf eine finanzielle Verbesserung der eigenen Situation gezeigt.

Eisenkraut – Verbene – wurde im Altertum hoch geschätzt. In Wasser eingeweichtes Verbenenkraut hilft, schlechte Schwingungen zu verbannen. Wälze die Kerze für Liebeszauber darin, nachdem du sie eingeölt hast, um den Zauber zu verstärken. Verbenenkraut mit Weihrauch vermischt bringt Glück und Inspiration.

Salbei – das große Reinigungsgewürz für alle negativen Schwingungen, Blockaden und um schlechte Energien zu vertreiben. Salbei hat zusätzlich eine stark antiseptische Wirkung. Erfrischt den Geist und stärkt das Gedächtnis, er unterstützt unseren Weg zu Weisheit und Klarheit.

Beifuß – hat eine anziehende Wirkung auf Geld. Beifuß- und Salbei-Duft geben der Wohnung eine angenehme Frische.

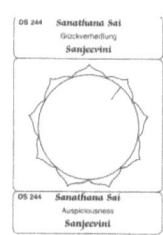

Anschließend stelle ich diese Mischung auf die Glückerfüllungskarte[1] von Sanjeevini.

Diese besondere Mischung verbindet die Energien von Erfolg und Schutz und schadet folglich in keiner Weise.

Verstreue die fein gemahlenen Kräuter auf folgende Weise:

- Verstreue sie auf dem Boden oder Teppich, im Eingangsbereich deines Geschäftes, um Kunden anzuziehen, in deinem Büro, um eine Gehaltserhöhung oder eine Beförderung zu bewirken.
- Gerne wird davon auch eine Prise morgens in die Schuhe gegeben.
  (Dies ist ein sehr erfolgreicher und erprobter Tipp).
- Verstreue sie vor einem Geldinstitut, wenn du ein Darlehen brauchst.
- Reibe damit die Kerzen für deine Rituale ein.
- Streue sie auf dein Geld.
- Gebe davon ein bisschen in dein Putzwasser.

Edle Erfolgs-Öle

Sie sind die heimlichen Verführer:

1. Lorbeeröl – Erfolg, Sympathie
2. Vertiveröl – Reichtumsöl
3. Patschuliöl – Geld, Fruchtbarkeit und sexuelle Anregung
4. Orangenöl – Liebe, Glück, Geld
5. Beifuß-Öl – Erfolg
6. Myrte-Öl türkisch – Erfolg
7. Eisenkraut-Öl – Erfolg, Reichtum
8. Rosmarin-Öl – anziehend
9. Pfefferöl – anziehend
10. Myrrhe – kraftvoll
11. Zimtöl – Erfolg, Liebe, Heilung, Reichtum und Spiritualität
12. Vanilleöl – ist ein anregender männlicher Duft
13. Rosen-Öl – ist ein anregender weiblicher Duft
14. Mandel-Öl – hat eine magische Anziehungskraft auf Geld
15. Tolubalsam – Erfolg
16. Perubalsam – Erfolg

dies ist nur eine kleine Auswahl von Ölen. Auch eigene Kreationen sind wünschenswert.

Göttliche Liebe[2] – Göttliche Energie[3]

Die ausgetestete Erfolgsöl-Mischung wird anschließend auf die Sanjeevini-Karten gestellt, sodass die göttliche Liebe und die göttlichen Energien mit einfließen und wirken können.

„Magic - come to me - Manifest & Miracles" sind von mir verwendete Zauber-Öle aus Amerika. Falls deine Reise einmal nach New York gehen sollte, besuche den herrlichen Zauberladen in dem Ortsteil Chelsea.

Für bestimmte Zwecke nehme ich unterschiedliche Öle. Mit einem kinesiologischen Test oder mit dem Biotensor teste ich aus, welche Öle erfolgreich sind. Diese Öle bzw. das Balsam stelle ich auf eine Sanjeevini-Übertragungskarte und mittig eine 10-ml-Sprühflasche mit 70 % Ethanol. Die Öle werden mit der Übertragungskarte wunderbar auf das Ethanol transformiert. Diese Transformation der Öle kann leicht versprüht werden, und sie haben so gut wie keine Geruchsentwicklung. Sie wirken sehr subtil.

Über diese Übertragungskarte halte ich anschließend meine Hände, spreche ein Gebet, eine Formel, lasse also meine Intuition einfließen. Dabei findet eine Transmutation statt.

Ich kann diese Öle aber auch, um Kerzen einzureiben, in etwas Mandelöl geben. Wichtiger Tipp: Falls du ein Geschäft hast, füge einen kleinen Sprühstoß in das Putzwasser.

Weiterhin gibt es wunderbare Mischungen in der Spagyrik. Wie zum Beispiel: Gewinn – Geschenk – atm-der kosmische Wunschautomat – Wunscherfüllung – Umwandlung von Blei in Gold – der goldene Schlüssel – Angelika, der Schutzengel – Shakti – Sesam öffne dich – Energie von Körper-Geist und

Seele „Transmutation-Means-In Pater Veritas".[4] Im Anhang siehst du verschiedene spagyrische Mischungen, die optimal in den Lebensweg passen.

Das Universum

Bei diesem Wunschprogramm und auch im täglichen Leben ist es sinnvoll, immer das Universum mit einzubeziehen. Das riesengroße Universum mit dem grenzenlosen Reichtum steht auf deiner Seite und unterstützt dich in allem. Es möchte aber auch belohnt werden. Bei jedem Wunsch, den du im Universum bestellst, überlegst du vorher, welche Ehre du dem Universum bei der Erfüllung erweist. Du teilst dem Universum zum Beispiel mit, dass du wunderschön essen gehst, dass du eine kleine Reise unternimmst, dass du einen Tag am Meer verbringst, oder, oder, oder. Okay, lass dir also etwas einfallen. Das Universum ist dein bester Freund, und beste Freunde sind immer für einen da und helfen in vielen Situationen. Sie sind verschwiegen, sie sind hilfsbereit, sie sind gute Zuhörer und freuen sich über ein liebevolles Geschenk.

Die magische Lichtsäule

Für einen Zauber aktiviere ich eine magische Lichtsäule. Gedanklich ziehe ich um mich herum einen Kreis. Diesen verankere ich tief ins Erdinnere und ziehe ihn dann hoch bis ins Universum. So kann ich besser und intensiver die Hilfe des Universums in Anspruch nehmen. Ich sitze oder stehe in dieser Lichtsäule. Zusätzlich lasse ich farbliches Licht oder die Farben des Regenbogens in die Lichtsäule einströmen. So hole ich mit der Matrix-Absicht das universelle Licht und die Informationen, Schätze und Geschenke des Universums ab.

Eine schöne Übung ist es auch, wenn du deinen Wunsch imaginär auf die Hand legst und anschließend kräftig – zart oder sanft – über die Hand pustest, sodass der Wunsch hoch ins Universum fliegt.

Du kannst auch visionieren, dass vom Universum ein goldener Korb herabgelassen wird, in dem du dann deinen Wunsch legst. Engel können dich begleiten. Liebliche Musik kann erklingen. Liebevolle gedankliche meditative Träume dich verzücken, und wenn du noch zusätzlich in die zarte Flamme einer Kerze schaust, dich dabei auf dein drittes Auge konzentrierst, entsteht eine intensive Verbindung zu deiner Seele.

Zusätzlich zu der magischen Lichtsäule kannst du dir einen Kraft-Energie-Platz mit der „göttlichen Liebe" einrichten. Dazu legst du sechs Sanjeevini-Karten „göttliche Liebe" zu einem Kreis. Anschließend stellst oder setzt du dich in die Mitte und gestaltest deine Rituale oder deine Meditation.

Die kreative Zauberin
Die kreative Zauberin beherzigt die drei **LLLs**: Von Herzen lachen, von Herzen lustig sein und von Herzen die Liebe in die Zauberei einwirken lassen. Sie macht sich keine Gedanken, ob sie den richtigen Spruch, die richtige Kerze oder das optimale Öl genommen hat. Die kreative Zauberin steht doch in Verbindung von Himmel und Erde und ist in etwa so unbekümmert wie „die kleine Hexe" in der Geschichte von Ottfried Preussler.

Sie ist auch so gestaltungsfähig, dass in ihrer Wohnung, in ihrem Haus die herrlich selbst gebrauten Duftessenzen die Sinne zart und fein vernebeln. Sie liest die Zeitung und sieht zum Beispiel ein Kreuzworträtsel, wo Geld gewonnen werden kann. Sie geht durch die Stadt, und automatisch stoppen die

Füße vor einem Lotto-Laden. Urplötzlich kommt ein Schein der Glückspirale/der Aktion Sorgenkind in ihre Hand.

Sehr sensitiv ist es auch, wenn der Chef die kleine Zauberin zu sich ruft und ihr mitteilt, dass eine Gehaltserhöhung nun endlich fällig ist. Sollte sie ihr eigener Chef sein, klingelt plötzlich wie verrückt das Telefon für Terminabsprachen, oder das Geschäft erfährt einen ungeahnten Aufschwung. Es kann natürlich auch ein ungeahnter Geldsegen von einer Erbtante/einem Erbonkel auf das Konto eingehen; doch dieses Vergnügen ist leider selten und eine Spekulation nicht empfehlenswert.

Auch nicht empfehlenswert ist es, lauter kleine Buddha-Figuren oder andere Geldanziehungsfiguren in den Raum zu stellen, sie anzuschauen und dabei die Daumen drehen. Martin Luther hat dazu einen bemerkenswerten Satz verlauten lassen: „Bete, als ob alles Arbeiten nichts nützt, und arbeite, als ob alles Beten nichts nützt."

Du zauberst und bewegst dich, du zauberst und bist offen für die Außenwelt, du zauberst und du spielst, du zauberst und bist ungemein vergnügt, du zauberst und strahlst ein wunderbares Engellachen aus, du zauberst und bist absolut verschwiegen.

Rituale[5]
Bereite dich auf eine Art Wunder vor.
Zu den positiven Aspekten der Zauberreise gehört, dass du in der Lage sein wirst, dein Leben durch neue, bessere Rituale zu bereichern. Ausdauer und Liebe lassen die tagtäglichen Rituale zu mehr als zur alltäglichen Gewohnheit werden. Ich bin der festen Überzeugung, dass jeder Mensch eine einzigartige Bestimmung hat. Vielleicht kennst du deine Bestimmung be-

reits, vielleicht machst du dich erst jetzt auf die Suche nach dem Sinn deines Lebens. Wo auch immer deine Zauberreise dich hinführen wird, ich weiß, dass Disziplin und diese Rituale dir helfen werden, den Weg zu deinem inneren ICH zu finden. Mit Sicherheit wirst du das Gefühl haben, im Augenblick zu leben, der einzigen Zeit, derer wir wirklich sicher sind.

Bevor du ein Ritual eröffnest, kannst du zusätzlich vielleicht dreimal ein Glöckchen läuten oder dreimal mit einem Metallgegenstand wie Messer, Gabel oder Löffel gegen ein Glas schlagen. Wie auch immer: bitte dreimal anklingeln. Die Rituale können noch mit verschiedenen Räucherwerken deiner Wahl stabilisiert werden.

Selbstsegnungs-Ritual
Ein Selbstsegnungs-Ritual ist ein wichtiges Ritual zu und vor der magischen Arbeit. Es hilft enorm, sich auf die vor einem liegende Arbeit zu konzentrieren.
Anleitung: Nimm drei tiefe Atemzüge. Stell dir ein silbernes Licht vor, das durch deinen Körper fließt. Dies ist die Energie der Mondgöttin.

Nimm erneut drei tiefe Atemzüge. Stell dir ein goldenes Licht vor, das durch deinen Körper fließt. Dies ist die Energie des Sonnengottes.

Nimm drei weitere tiefe Atemzüge. Stell dir ein weißes Licht vor, das durch deinen Körper fließt. Dies ist die kombinierte Energie der universalen Lebenskraft oder universalen Liebe. Sprich dazu die folgenden Worte:

Gesegnet seien meine Füße,
die den Pfad des Mysteriums gehen.
Gesegnet seien meine Knie, die am heiligen Altar knien.
Gesegnet sei mein Herz,
das aus Schönheit und Liebe besteht.
Gesegnet sei mein Mund, der die heiligen Namen spricht.

Öffne deine Arme weit, um Schutz und Liebe einzuladen. Führe anschließend deine Hände langsam über dem Herz zusammen, um zu zeigen, dass du diese Geschenke angenommen hast. Dann bekräftige: So ist es - So sei es.

Schönes Ritual vor dem Zubettgehen
Nimm eventuell ein heißes Bad mit leiser Musik und Kerzen und verschiedenen Düften und mache dann das Ritual **Spieglein, Spieglein an der Wand ...**

Beglückwünsche dich zu deinem Erfolg, den Tag mit guten Gedanken, mit einem Erfolgslachen, mit konzentrierter Aufmerksamkeit auf dein Ziel und so weiter hinter dich gebracht zu haben. Fühle deine Stärke.

Bevor du einschläfst, solltest du noch eine letzte Übung machen. Fertige auf einem Papier eine Liste aller Gewohnheiten, Zwänge und selbstzerstörerischen Verhaltensmuster an, die du nicht länger beibehalten willst. Verwandle all diese negativen Einflüsse in ein „Traumbündel", indem du das Papier zusammenknüllst und unter dein Kopfkissen legst. Wenn du das Licht ausschaltest und den Kopf auf das Kissen gebettet hast, bitte und danke darum, von all diesen Dingen befreit zu werden. Und am nächsten Tag wirfst du dann das Traumbündel fort.

Lege die Hände auf den Bauch, und atme danach tief durch. Befreie dich durch den Atem von der Vergangenheit mit den mentalen Gedanken – löse dich, trenne dich – lasse dich von dem Atem in den Schlaf tragen. Du bist auf dem besten Wege, dich von der Last vieler Dinge zu befreien, die dir nicht länger nützlich sind oder immer nur geschadet haben. Heiße den Schlaf in deine neu belebten Gedanken und in deinen sich regenerierenden Körper willkommen. Begrüße die Stille, den Frieden und die Nacht.

Kerzenritual
Du besorgst dir eine lilafarbige oder eine Kerze deiner Wunschwahl. Reibe sie mit Öl ein oder wälze sie in einer Kräutermischung, um ihre Wirkung zu verstärken. Du reibst von der Mitte der Kerze aus nach oben und dann nach unten. Niemals anders. Achte darauf, dass auch die Spitze, das untere Ende und der Docht eingeölt sind. Man weiht die Kerzen, indem man sie alle nebeneinanderlegt und die Hände über sie hält. Dabei sollen sich die Daumen berühren. Erspüre die Kerze(n) aus einigem Abstand (berühre sie nicht) und stell dir vor, wie deine Energie auf sie übergeht. Atme ein paar Mal tief ein und sprich folgende Worte, während sich deine Hände noch über der Kerze/den Kerzen befinden:

> Kraft meines göttlichen Bewusstseins,
> dessen ich bin,
> und Kraft der göttlichen Liebe,
> die wir sind,
> danke ich dir,
> Gott, liebe Göttin, unendliche Intelligenz,
> großes Universum,
> für die Erfüllung meiner Wünsche.

Dann kannst du unter deiner Kerze/unter deinen Kerzen ein Blatt Pergament legen, auf das du deinen Wunsch verewigst. Fasse dich kurz. „Neuer Chef", „Mehr Gehalt", „Neuer Job" oder einfach griffig „GELD". Dieses Pergament kommt unter die Kerze und bleibt auch dort so lange liegen, bis sie abgebrannt ist. In die Flamme gibst du hin und wieder ein bisschen Öl oder besondere Kräutermischungen. Wann immer die Kerze brennt, bleibst du dabei und konzentrierst dich auf dein Anliegen. Nichts darf dich ablenken, noch nicht einmal Musik. Erst wenn die Wachsreste im Freien unter einem Baum vergraben sind, ist dein Wunsch von den Göttern des Kosmos erhört worden.

Schließe nun deine Hände fest um die Kerze(n) und sprich:
„So möge es sein!"
Hier, wie bei allen Segnungen, ist die innere Haltung, die fokussierte Aufmerksamkeit, mit der die Wunschbestellung ausgeführt wird, das Wesentliche. Improvisiere!

Wohlstandsritual
Es darf nur an einem Donnerstag bei Sonnenaufgang (Zeitungshinweis beachten) und bei zunehmendem Mond unternommen werden. Man nimmt 3 Blätter von einem beliebigen Baum. Diese werden mit dem Edlen-Reichtums-Öl eingerieben und zusammen mit zwei Muskatnüssen direkt unter dem Baum, von dem die Blätter stammen, vergraben. Da das Ritual dem Gott Odin gewidmet ist, heißt es auch **„Ritual für Odin und die Meister"**. Bete mit deinen eigenen Worten, und zwar dreimal hintereinander denselben Text. Konzentriere dich dabei ganz auf dein Anliegen.

Kerzenwunscherfüllungs-Ritual
Schreibe deinen Wunsch auf ein kleines Stück vom Pergamentpapier. Lege das Blatt unter die Kerze. Reibe die Kerze mit dem Öl ein, das dem jeweiligen Anwendungszweck entspricht. Für einen Kerzenwunschzauber verwendest du Edle-Reichtumsöle, gemischt mit Mandelöl. Nimm einen scharfen Gegenstand und ritze das, was du dir wünschst, dreimal in die Kerze. Verbrenne ein wenig Räucherwerk deiner Wahl.

Sprich:
Auf diese Kerze schreibe ich,
was ich von dir heute Nacht erhalte,
gewähre mir, um was ich dich bitte.
Ich widme dir dieses Ritual. Ich vertraue darauf,
dass du mir diese Gunst gewährst.

Oh, liebliche Göttin des Mondes.
Ich rufe die Erde, meinen Zauber zu binden,
und die Luft, seine Reise zu beschleunigen.
In das Feuer gebe ich den Geist von oben,
das Wasser erfülle meinen Zauber mit
Liebe.
So möge es sein – so ist es zum höchsten Wohl aller Beteiligten. (Sybil Leek[6])

Dieser Zauber soll seine beste Wirkung bei Vollmond entfalten.

Sieben-Tage-Ritual
Lege wieder ein Stück Papier oder besser noch Pergament unter die Kerze, auf das du vorher ganz genau deine geschäftlichen Ziele, deine Wünsche geschrieben hast. Beginne dieses Sieben-Tage-Ritual an einem Sonntag. Lade eine ganz normale weiße Kerze mit Öl deiner Wahl auf. Du kannst in die Kerze noch eine liegend „69", das Symbol des Krebses, ritzen.

Konzentriere dich jeden Tag für eine gewisse Zeit auf deine Projektionen und Wünsche, bis nach sieben Tagen deine Kerze abgebrannt ist.

Mein tägliches Bewusstseins-Ritual
Ich sprühe jeden Morgen meine Hände mit einem edlen Erfolgsöl/Erfolgsspray ein. Anschließend nehme ich eine Prise edle Kräuter in meine Hände, reibe meine Hände und lasse die Kräuter in meine Schuhe rieseln. Dabei sage ich eine Affirmation, die zum Beispiel so lautet: „Danke, Gott, danke Göttin, dass du mir ab sofort den Erfolg bringst."[7]

Reichtumsrolle[8]
Benötigte Materialien: ein zweieinhalb Zentimeter breiter Streifen Pergamentpapier von rund neunzig Zentimeter Länge, ein Füller mit grüner Tinte, dein Lieblingsräucherwerk.

Anleitung: Zeichne das astrologische Zeichen für Stier oben auf den Streifen ♉. Schreibe auf das Papier: „Unendliche Intelligenz manifestiere, was ich auf diese Liste setze."
Oder: „Großes Universum, manifestiere oder transmutiere, was ich auf diese Liste setze."

Erstelle eine Liste deiner Wünsche auf dem Papier (es wird noch viel Platz frei bleiben, das ist in Ordnung). Rolle das Papier eng auf. Halte die Liste über das Räucherwerk und wiederhole dazu den genannten Spruch neun Mal. Lege die Rolle in deinen Geldbeutel, deine Brieftasche, in deine besondere Schatztruhe oder auch in Augenhöhe deines Schreibplatzes, damit du, wenn dir der Sinn danach steht, die Hände über den Papierstreifen hältst und den „Bestellsatz" sprichst. Wenn das Papier voll ist und du all das Erbetene erhalten hast, dankst du dem großen Universum und erweist ihm eine besondere Ehre. Das Papier wird anschließend verbrannt, und eine neue Liste kann geschrieben werden.

Optimal ist es, wenn du dieses Ritual zu Neumond oder Vollmond ausübst.

Die Goldene Kordel der Manifestation[9]
Auch wenn Gold seit jeher schwer zu beschaffen war, ist seine Eigenschaft und sein Glanz immer ansehnlich geblieben und ist im Laufe der Geschichte bei zahlreichen Kulturen zur glanzvollen Popularität geworden. In Erinnerung an die großen Lichter (unsere Sonne und die Sterne) wurde in der religiösen Verehrung Gold häufig mit einer Gottheit verbunden. Im Mythos gibt es das Goldene Zeitalter, die

goldenen Äpfel, die goldene Gans, das Goldene Vlies, die Goldene Legende, die goldene Regel (Was du nicht willst, das man dir tu, das füg' auch keinem ander(e)n zu.).

Benötigte Materialien: eine goldene Schnur oder Kordel, welche die Länge deiner Körpergröße hat, eine kleine leere Goldschachtel, ein Stück Papier, das in die Schachtel passt, ein Füller mit goldener Tinte oder ein Goldstift, eine goldene Kerze (ersatzweise eine weiße Kerze). Die goldene Schachtel kann selbst aus Goldpapier gebastelt werden (Bastelanleitung im Internet).

Anleitung: Halte die Hände über die Materialien und bitte um Segnungen des Universums für den angestrebten Reichtum. Schreibe auf den Zettel, was du manifestieren willst. Die Sache oder das Ziel kann groß oder auch klein sein. (Vergiss nicht, meistens dauert es etwas länger, bis größere Dinge sich manifestieren.) Halte den Zettel fest und blase drei Mal darauf. Stecke den Zettel in die Schachtel.

Binde das eine Ende der Schnur um die Schachtel. Halte die goldene Kerze in der Hand und denke an das, was du manifestieren willst; öffne dein Herz für „große positive Gefühle". Verbinde im Geiste dieses Gefühl mit dem Bild, was du jetzt manifest werden lassen möchtest. Zünde die Kerze an. Versuche, dieses Gefühl so lange wie möglich festzuhalten.

Schließe die Augen. Fange an, das lose Ende der Kordel durch deine Hände gleiten zu lassen, während du an das denkst, was du manifestieren/ transmutieren möchtest. Stelle dir bildlich vor, wie du deinen Wunsch durch die Kordel in deine Hände ziehst. Lass die Kordel weiter durch deine Hände gleiten, bis du an der Schachtel anlangst. Halte die Schachtel in den Händen und denke weiter an das, was du manifest werden lassen willst. Siehe dich selbst, glücklich den Wunsch haltend oder dass die Energie des Wunsches dich umgibt. Versuche, keine negativen Gedanken aufkommen zu lassen. Halte die Schachtel, bis du fühlst, dass deine Energie steigt oder du ein leichtes Prickeln in den Händen verspürst. Atme tief ein und öffne die Augen. Lösche die Kerze.

Wiederhole die Übung jeden Tag, bis sich dein Wunsch erfüllt oder bis dreißig Tage vergangen sind. Wenn du das Ziel nach Ablauf von dreißig Tagen nicht erreicht hast, nimmst du eine neue Kerze und beginnst von vorne. In diesen dreißig Tagen musst du dir fortwährend der Möglichkeiten bewusst sein, die sich dir vielleicht von selbst bieten. Wünsche kommen manchmal sehr verschwiegen und können, wenn es sich um ein nichtmaterielles Ziel handelt, wie eine Metapher kommen. Gib Acht, dass du diese Gelegenheit beim „Schopf" nimmst.

Sobald du das Ziel manifestiert hast, verbrennst du das Papier und beginnst mit einem neuen Wunsch oder Ziel. Hör nach einem Ziel oder einer Manifestation nicht auf. Mach weiter. Das ist eine großartige Übung für jeden Lernenden.

Zauberdose[10]

Dieses Wunschritual wird von meinen Zauberlehrlingen besonders gern zelebriert.

Eine schöne Möglichkeit, Veränderungen im Leben herbeizuführen, ist eine Zauberdose. Sie wird als Behälter für eine bestimmte Art von Zauber benutzt und wirkt dadurch an diesem zwar mit, ist aber nicht der Zauber selbst.

Die von dir gewählte Zauberdose kann immer wieder für die unterschiedlichsten Wunschbestellungen verwendet werden. Um es leicht verständlicher zu machen: Wenn ich zum Beispiel einen Geldzauber machen will, dann wäre die traditionelle Farbe grün. Ein gutes Kraut dazu wäre Beifuß. Die

Zauberdose selbst muss aber weder grün noch mit „Edlem-Erfolgs-Öl" eingerieben sein, da sie nicht den eigentlichen Zauber ausmacht, sondern eben nur ein Hilfsmittel ist, um ihn auszuführen.

Diese Dose kann also eine einfache, schlichte Holzdose sein, die man nicht mal verzieren muss. Sie kann von innen mit Samt ausgeschlagen werden. Sie kann bemalt, beklebt oder mit ganz besonderen Symbolen versehen werden. Der Kreativität sind hier keine Grenzen gesetzt.
Benötigt werden:

- Zauberdose
- Grüne Kerze (oder welche Farbe dir eben passend erscheint)
- Wacholderbeeren, Zimt als Symbol für Geld
- Einige Kupfermünzen
- Edle Erfolgskräuter
- Zinnkraut
- Muskatnuss (gerieben oder ganz, je nach Wunsch und Möglichkeit)
- Pfeffer für Schutz (damit man nicht an den falschen Chef gerät)
- Mistel für Inspiration und Kreativität
- Rosmarin
- Edles Erfolgsöl für Geld und Erfolg oder ein anderes Öl.

Für besonderen Liebeszauber kannst du noch ein Herz (auf Papier gemalt, aus Stoff ausgeschnitten, aus Holz geschnitzt ...) Gewürznelken, Zimt, Rosmarin, Rose, Apfel (Blüte, Kerne, Frucht ... was auch immer in die Dose passt), Basilikum, Schafgarbe, rote, grüne oder rosa Kerze, glitzernde Steinchen, Edles Räucherwerk in die Dose geben. Liebeszauber immer nur dann verwenden, wenn er nicht an eine bestimmte Person gebunden ist. Du möchtest eine liebevolle Person in dein

Leben holen, um endlich mit dem Richtigen oder der Richtigen dein Leben zu gestalten.

Das sind allgemeine Zutaten. Diese Zutaten kannst du verändern nach deinem Wissensstand und nach deiner Intuition.

Die Zauberdose stellst du offen vor dich hin und zündest die Kerze an. Dann lädst du die Zutaten mit den jeweiligen Wünschen (Geld, Schutz, Erfolg, Liebe …) – am besten einzeln – auf und streust sie (und besonders die Kupfermünzen) nacheinander in die Dose. Du kannst zusätzlich auch noch einen Zettel mit einem Symbol für den gewünschten Job etc. oder mit einem aussagekräftigen Satz in die Dose legen.

Nun wird die Dose mit Energie geladen. Du lässt deinen Atem in die Dose fließen, während du visualisierst, was du erreichen willst. Du kannst auch in die Dose singen. Stell dir da- bei vor, dass du den gewünschten Job bekommst, wie du erfolgreich arbeitest, wie viel Geld du dafür bekommst, wie die neue Liebe aussieht etc.

Schließe nun die Dose und stelle dir vor (während du sie in den Händen hältst, um ein stärkeres Gefühl zu schaffen), dass die verschiedenen Energien, die sich in der Dose befinden, sich kraftvoll vermischen, solange die Dose geschlossen ist.

Um die gesammelte Energie freizulassen, musst du nur noch den Deckel öffnen. Ich empfehle, damit ein paar Tage zu warten, damit die Energie sich verdichten kann. Wenn du die Dose öffnest, stell dir vor, dass die Energie frei wird und sich ausbreitet, um deinen Wunsch zu erfüllen. Nun musst du nur noch den Inhalt der Dose vergraben oder in ein fließendes Gewässer werfen oder in den Wind streuen (was nicht unbedingt zu empfehlen ist, wenn du schwere Dinge wie Kupfermünzen verwendet hast, denn der Wind soll den Inhalt schließlich davontragen) und den Zauber vergessen.

Vergessen ist nicht so einfach, und doch benötigt man nur wenige Tage, dann ist wieder der Alltag eingekehrt, und der Wunsch ist vergessen.

Das Vergessen (bzw. das Nicht-mehr-dran-denken) soll wichtig sein, weil man sonst angeblich die Energien zu sehr an sich bindet und sie dann nicht richtig wirken können.

Ich weiß nicht, wie meine Zauberlehrlinge diese Energien verwandt haben. Ich weiß nur so viel, dass spektakuläre Wünsche in Erfüllung gegangen sind.

Die wunderbare Schatzkarte
Dies ist eine geniale Idee, die ich in Dr. Joseph Murphy „Das Erfolgsbuch" gefunden habe.

Ich habe mir eine edle Karte gekauft. Auf diese Karte habe ich dann meine Wünsche im folgenden Wortlaut geschrieben:

> „Ich danke dir, unendliche Intelligenz, dass ich eine wunderschöne entspannte Urlaubsreise durchgeführt habe."
> „Ich danke dir, unendliche Intelligenz, dass ich den optimalen Standort für meine Praxis gefunden habe."

Und so weiter. Darunter habe ich dann geschrieben:
„Liebe unendliche Intelligenz, danke für die sofortige Erfüllung dieser Wünsche in göttlicher Ordnung und Liebe, und ich schenke dir dafür einen CARPE-DIEM-TAG.

14. Wenn Wünsche fliegen könnten

Manchmal,
da möchte ich mich wieder einmal ins Gras legen
und zum Himmel hoch schauen.
Den Wolken möchte ich nachsehen
und meine Gedanken
ziehen lassen.
Ob es stimmt, dass da oben
die Freiheit grenzenlos ist?
Meine Wünsche schicke ich nach oben,
ob sie da
jemand erhören wird?
Mit den Wolken schicke ich sie
auf weite Reisen.
Vielleicht finden sie ja ihr Ziel.
Bis dahin aber,
so vermute ich,
werde ich erst einmal aufstehen
müssen,
um dem Glück etwas nachzuhelfen
                                    Werner Millstein

Ja, Wünsche können fliegen. In meinen Zauber- und Wunschseminaren habe ich zwei ausgewählte Flugobjekt-Rituale.

Zum **ersten Flugritual** kannst du das wunderbare Flying Wish Paper[1] benutzen. Du schreibst deinen Wunsch auf den kleinen Zettel, zerknüllst den Zettel, streichst ihn wieder glatt, rollst ihn auf wie eine Zigarette und stellst den Zettel dann auf den kleinen Untersetzer mit dem Symbol Vogel, zündest ihn an, und schon geht der Zettel mit dem Wunsch in die Lüfte. Schon alleine das Abheben des Zettels in die Lüfte beinhaltet ein freudiges und aufregendes Ereignis.

Das Schöne an dem Wish Paper ist, dass dieses Ritual ausschließlich aufgrund der zarten Eigenschaften des Papiers in geschlossenen Räumen zu benutzen ist. So können Wünsche fliegen, egal ob es regnet, stürmt oder schneit.

Das **zweite Ritual**[2] ist ein Engel-Such-Ritual. Dabei wird der Wunsch-Luftballon in die Lüfte steigen, höher und höher fliegen, sodass der Wunsch-Engel-Fänger mit seinem Kescher ihn fangen kann. Auch dieses Ballonspiel ist ein unglaublich freudiges Ritual. In der Gruppe ist dieses Ereignis besonders lustig.

Auf eine liebevoll geschmückte Karte wird der Wunsch/die Wünsche/die Absicht geschrieben.

Beispiel:
1. Ich suche einen Engel, der mich im Alltag beschützt und an meiner Seite ist.
2. Ich suche einen Engel, der mir bei meinen Geldproblemen hilft und mich sanft oder kräftig stupst, damit ich eine Lösung finde.
3. Ich suche einen Engel, für liebevolle Unterstützung zum Aufbau von Frieden, Gesundheit, Liebe und Wohlstand in meinem Leben.
4. Ich suche einen Engel, der ...
5. Engelhaare, Engelbilder, goldene Sterne werden mit aufgeklebt und Wohlstandssymbole (Auto, Haus,

Fahrrad, Hund, Brille etc.) mit aufgezeichnet. Die Karte für den Ballon darf nicht zu schwer sein, da er sonst nicht fliegt.

Wenn du mit deiner Anzeige fertig bist, nimmst du sie zur Hand, schließt die Augen und konzentrierst dich darauf, ein Lichtwesen in deine Nähe zu bringen. Lies du deine Anzeige laut vor, wenn du das Gefühl hast, das könnte hilfreich sein. Sorge dich nicht um die richtige Form – es gibt keinen falschen Weg, um einen Engel um Hilfe zu bitten, solange du ernsthaft und respektvoll bei der Sache bist. Nachdem die Wunschkarte an den Faden des Ballons angeknüpft worden ist, wird der Segensspruch gesprochen:

> Ihr himmlischen Heerscharen,
> hört meine Bitte.
> Der strahlende Segen möge auf allem ruhen,
> Ost und Süd,
> West und Nord.
> Ich bin bei euch und rufe euch.
> Unsichtbarer Freund,
> Botschafter der Liebe,
> schickt mir Hilfe
> aus der anderen Welt.

Dieser Wunsch möge nun in Erfüllung gehen zum Wohle aller Beteiligten. Sollte dieser Wunsch mit meinem Lebensplan nicht übereinstimmen, so gebt mir - ihr lieben Engel - sanfte, aber deutliche Hinweise. Ich ermächtige euch dann, die Wunscherfüllung entsprechend abzuändern.

Engel sind wunderbare Wesen. Sie sind die Verbindung zwischen Himmel und Erde. Sie möchten im Gegensatz zu Gott immer gebeten werden. So kannst du immer wieder die Engel bitten, dich in deinem Leben zu unterstützen.

Erwarte bitte nicht, dass dir dein Engel sofort in aller Pracht mit Posaunen und Trompeten, Glorienschein und Gold- und Silberglanz erscheint. Engel arbeiten oft auf sehr subtile Weise. Vielleicht erhältst du ein Stellenangebot von unerwarteter Stelle, oder es meldet sich plötzlich ein Freund, der dir hilft, die Krise zu überwinden. Möglicherweise findest du die Antwort, nach der du suchst, in einem Buch, das dir in die Hände fällt. Wenn die Engel am Werk sind, gibt es keine Zufälle. Es liegt bei dir, deine Wahrnehmung zu schärfen, denn wenn dein geistiges Augen offen ist, wirst du überall Engel entdecken.

15. Zaubern mit Dschinni

Zaubern mit Dschinni ist aktive Meditation.
Dschinni kann eingesetzt werden, um
- dir dein Leben auf allen Ebenen zu verschönern; dich in
- deiner Entwicklung vorwärts zu bringen; ihn einfach als
- Briefkasten für deine Wünsche zu benutzen.

Wie du mit Dschinni wünschen kannst:
1. Formuliere deinen Wunsch, schreibe ihn auf einen Zettel und rolle ihn in den Wunschbeamer.
2. Hänge den Wunschbeamer an einen Ort auf, wo du ihm oft begegnen wirst, am Fenster, über deinem Bett, im Türrahmen – wo auch immer du magst.
3. Lass Dschinni so lange hängen, bis sich dein Wunsch erfüllt hat. Bei kleineren Wünschen kann eine Zeit von

circa zwei bis vier Wochen ausreichen. Bei größeren Wünschen braucht er oft mehr Zeit. Stupse ihn möglichst einmal am Tag an, damit dein Unbewusstes sich immer wieder an den Wunsch erinnert. Solltest du einmal nicht zu Hause sein, kannst du den Dschinni natürlich auch mental anstupsen

4. Erzähle niemandem von dem Wunsch, bis er sich erfüllt hat, damit er seine Kraft sammeln und aufbauen kann.
5. Setze ihm kein zeitliches Limit – es sei denn, es ist notwendiger Bestandteil deines Wunsches.
6. Vertraue nun deiner Intuition und gehe in der folgenden Zeit ungewohnten Impulsen, Ideen und Bedürfnissen nach – sie sind höchstwahrscheinlich der Weg zu deinem Ziel.
7. Du kannst den Wunsch auch einfach vergessen. Dschinni weiß ja, was du willst, und wird sich darum kümmern.

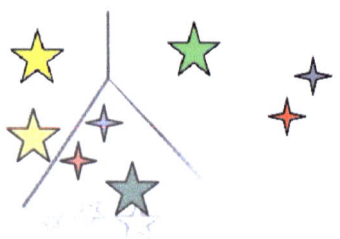

Die magische, erfolgreiche Wunschformulierung:
1. Formuliere deinen Wunsch in der Gegenwartsform oder in Wunschform.
2. Überlege, in welchem Kontext dein Wunsch verwirklicht werden soll.
3. Überprüfe, ob alle deine Persönlichkeitsanteile mit deinem Wunsch einverstanden sind.
4. Stelle dir vor und fühle, wie dein Leben sein wird, wenn sich dein Wunsch erfüllt hat.

5. Woran wirst du konkret erkennen, dass dein Ziel erreicht ist?
6. Wie wirst du dich bei deinem Unbewussten bedanken, dass ES dir deinen Wunsch erfüllt hat?

★ Beispiel: „Ich wünsche mir eine neue Wohnung." (Verändere den Satz, die Sätze bitte mit: Ich habe die Absicht …)

Zu 1. *Ich habe die Absicht mir eine ruhige, gemütliche Vier-Zimmer-Wohnung auf dem Land zu transmutieren, erreichbar mit öffentlichen Verkehrsmitteln, in sonniger Lage, mit einem maximalen Mietzins von Euro 450,00 monatlich.*

Oder in der Gegenwartsform, so als ob sich der Wunsch schon realisiert hätte:
„Ich habe die Absicht in einer ruhigen, gemütlichen Vier-Zimmer-Wohnung auf dem Land zu wohnen, die mit öffentlichen Verkehrsmitteln erreichbar ist, in sonniger Lage, mit einem maximalen Mietzins von Euro 450,00 monatlich.

Zu 2. Ich möchte mit meinen Kindern und meinem Partner in sechs Monaten in der neuen Wohnung sein.

Zu 3. Frage: „Ist jemand in mir nicht einverstanden mit meinem Wunsch? Antwort eventuell: *„Der ganze Umzug ist so anstrengend, ich mag eigentlich gar nicht",* sagt eine leise Stimme. – *„Vielleicht ist es doch nicht das Richtige, aufs Land zu ziehen?" – „In der alten Wohnung war es doch sehr gemütlich." – „Meine Kinder wollen doch nicht aufs Land, da ist ihnen zu wenig los."*

Wenn die bequeme Seite in mir gar keine Lust hat, muss ich mit ihr verhandeln. Außerdem ist da auch noch die Angst, auf dem Land so weit weg von den Freunden zu sein. Also muss eine andere Formulierung her, die zu beiden Teilen passt. Beide Teile möchten: eine ruhige gemütliche, helle Wohnung mit erdigen und doch fröhlichen, gesunden Energien, die kreativ inspirieren, und mit einem besonders großen Zimmer, in dem viele Freunde empfangen werden können.

Die neue Formulierung muss demnach lauten: *„Ich wohne in meiner ruhigen, gemütlichen, sonnigen, erdig-fröhlichen, kreativen, gesunden Wohnung, bereichert durch meine Freunde. Maximaler Mietpreis Euro 450,00."*

Zu 4. Ich fühle mich in meinem Freundeskreis wohl, geborgen und gebettet fühlen. Wenn ich zum Fenster hinausschaue, sehe ich grüne Felder, betrachte den endlosen Horizont und beobachte die ziehenden Wolken am Himmel.

Zu 5. Ich habe meine alte Wohnung verlassen, bin umgezogen, habe eine neue Adresse und genieße meine neue Wohnung.

Zu 6. Wenn ich den Wohnvertrag unterzeichnet habe, mache ich mit meinem Partner eine kleine Wochenendreise, und abends gehen wir in eine gemütliche Kneipe, um bei delikatem Essen und einem Glas Lieblingswein zu feiern.

Tara Bonjour [1]

Ein wichtiger Hinweis:
Bitte immer die Absicht einfließen lassen. **„Ich habe die Absicht"** ..., denn die Worte „Ich möchte", „Ich wünsche" haben eine zu schwache Kraft.

Für alles, was du verkaufen möchtest, gibt es einen entsprechenden Bedarf; bei allem, was du benötigst, gibt es immer auch jemandem, der das Gesuchte anzubieten hat. Und falls du für deinen Wunsch unbedingt eine andere Person benötigst, dann solltest du auf keinen Fall eine bestimmte Person durch die Kraft des Universums beeinflussen. Vertraue darauf, dass

das Universum dich zur rechten Zeit und auf die richtige
Weise mit der Person zusammenbringt. Dieses Wissen wird dir
Zuversicht, Glauben, Vertrauen und Sicherheit schenken. Auf
all deinen Wegen bist du im Bewusstsein und Lichtstrahl des
Universums, der unendlichen Intelligenz.

16. Meditation - Der Inspirationsgarten

Du sitzt auf einem Stuhl
oder liegst auf einer nicht zu weichen Unterlage.
Bewege Beine und Arme,
fühle noch einmal nach,
wie du sitzt oder liegst,
und atme ein und aus.
Du lässt deinen Atem durch deinen Scheitel
in deinen Körper einfließen
und durch deine Füße ausfließen.
Einatmen – ausatmen.
So kannst du mit jedem Atemzug tiefer und
tiefer gehen
und gleichzeitig die Augen schließen,
denn wenn die Augen geschlossen sind,
öffnet sich für dich die innere Welt,
wo die Gedanken ruhen können,
und so verpackst du deine Gedanken
und übergibst sie den Brieftauben.
Sie fliegen mit deinen Gedanken in die Weite
und verschwinden am Horizont,
und du atmest weiter tief ein und aus
und stellst dir einen Baum vor,
ein Blatt fällt vom Baum,

so fällst du nun tiefer und tiefer in dein großes
Herzenergiefeld,
und du wirst empfangen
von einer unendlichen Weite,
von einer himmlischen Ruhe,
einer angenehmen Wärme.
Du nimmst die Leichtigkeit der Resonanzen
auf der Vorder- und Rückseite wahr.
Du siehst,
wie sich diese Resonanz weiter und weiter ausdehnt,
und dein Raum größer und größer wird
und du gleichzeitig tiefer und tiefer sinkst.
Während du von einem angenehmen Licht eingehüllt wirst,
erkennst du deinen Weg.
Es kann eine Brücke sein,
über die du gehen wirst,
oder du gehst durch einen blumengeschmückten Torbogen.
Du folgst deinem Weg,
und wirst empfangen
von Engeln, Gnomen,
Feen, Sylphen, Undinen,
Lichtwesen,
und dein Gärtnermeister
verwandelt deinen Garten
in eine absolute Traumlandschaft.
Er ist erfüllt von zirpenden Geräuschen,
von üppiger Vegetation,
von himmlischen Düften,
Regenbogenspiele,
die durch Kristalle entstehen,
ein Garten mit paradiesischen Zuständen,
und wenn du möchtest,
bist du in deinem Paradies der Liebe
umgeben von

unendlichen Möglichkeiten.
Es ist dein Raum
der unbegrenzten Lebenskraft.
Und von hier arbeitest du fein und bestimmend,
wie ein Dirigent sein Orchester leitet und lenkt,
du gleichst aus,
glättest
und strahlst
und du bist der Meister des Lebens.
Und so wandelst du in deinem Paradies
und atmest die Klarheit,
die Weisheit,
die Kreativität und vieles mehr ein,
während du erfüllt bist von der Üppigkeit
der grenzenlosen Fülle,
lasse ich dich in dem Raum der fließenden Energie allein.

Lange Pause

Der Tag in deinem Paradies geht langsam
in den Abend über.
Der Sternenhimmel leuchtet hell und klar,
und der wunderschöne Mondstrahl erhellt deinen Garten.
Du bist nun gesegnet von neuer Intuition,
Innovation, Kreativität, Ruhe und Gelassenheit.
Dein Licht, deine Informationen
fließen und bewegen sich auf allen Ebenen deines Seins
und erreichen alle Chakren deines Körpers.
So kannst du nun ruhig, gelassen,
noch einmal einen Blick zurückwerfen
und zufrieden zurückkehren,
aus deinem Energie-Paradies ins HIER und JETZT.
Dieses Paradies steht dir immer zur Verfügung, mit dem
wärmenden Licht,

und den himmlischen Informationen,
der Liebe,
der Dankbarkeit,
dem Glauben,
dem Vertrauen
und dem Mut.
Und so kannst du jederzeit in den
Energie-Paradiesgarten zurückkehren,
dein optimales Selbst
„Aktivieren" – „Installieren" – „Transmutieren" im Hier und Jetzt.

Die Meditationen kannst du entweder selbst auf eine CD oder Kassette sprechen. Ich habe mir ein kleines Diktiergerät gekauft, die entsprechenden Meditationen, die Reichtumsandacht etc. auf gesprochen. So kann ich sie überall und zu jeder Zeit in mein Bewusstsein und Unterbewusstsein einschwingen.

17. Wünschen und Bestellen

„Jeder Wunsch beinhaltet eine Sehnsucht und gleichzeitig ist er ein Bote des Göttlichen, der zu dir sagt: Komm! Schwing dich empor! Sei elektrisiert von deinem Wunsch. Das Leben möchte sich durch dich manifestieren, möchte sich in Formen verkörpern, die vorerst nur als Gedankenbilder in dir existieren." Diese wunderbaren Worte habe ich vor einigen Jahren in einem Buch von Dr. Joseph Murphy gelesen. Waren sie damals verständlich für mich? Ich konnte mit „Nein" mir selbst diese Antwort geben. Um einen Sehnsuchtswunsch in das Universum zu beamen, fehlten mir, meiner Meinung nach, wichtige Voraussetzungen. Im Laufe der letzten zwanzig Jahre habe ich sie nach und nach erfahren und weitergegeben. Ein großer Erfahrungsschatz hat sich angesammelt. Einiges musste verworfen und einiges nach neuesten Erkenntnissen intensiv überarbeitet werden, sodass ich jetzt dieses Buch schreiben konnte.

Die alten Wortvorstellungen – „Wünschen und Bestellen" – verbinde ich nun mit den neuen Matrix-Worten:

Jetzt - Aktivieren und Transmutieren
Und los geht's.

Sie sind prägnanter, einfach und absolut genial.

Das Universum denkt nicht nach, wie es dir/uns am besten helfen könnte, sondern führt einfach unsere Befehlssätze aus. Es besorgt uns „nur" die gewünschten Dinge auf dem schnellsten Weg. Ein Befehlssatz lautet in etwa so: „Ich habe dieses oder jenes jetzt vor, **würdest** du mir dabei helfen?" So verfolgst du konsequent dein Ziel, bis sich der Erfolg einstellt!

Sage nicht: *„Oh, das wäre einfach zu schön, um wahr zu sein. Ach ja, wenn ich doch nur ..."* Das Universum versteht diese Sprache überhaupt nicht.

Du bist der Meister deines Lebens, und als der große Meister sagst du: „Ja, ich heiße diesen Wunsch willkommen! Ich akzeptiere ihn von ganzem Herzen, und er wird sich mit dir – unendliche Intelligenz – großes Universum – liebe Engel – auf wunderbaren Wegen verwirklichen."

Wünschen ist eine mächtige Kraft, und es muss in den richtigen Kanal geleitet werden, sonst erfolgt Chaos. Sonst wandelst du im Wandelgang der Illusionen und wünschst und wünschst und ... Am Ende kommt dann heraus: „Alles für die Katz!" Um etwas zu verwirklichen, ist der erste und wichtige Schritt beim Wünschen zu fragen:

Ist der von mir gewählte Wunsch wahr?
Warum diese Frage? Weil der Wunsch vielleicht nur eine Fantasievorstellung deines Verstandes ist und auf der Herzensebene „kalt" existiert. Das heißt, es ist kein Wunsch des Herzens, sondern nur ein idealer Wunsch, der in deinem Leben keine Verwertung findet.

Wenn der Wunsch also wahr werden soll, erfreue dich daran. Bringe erstens deine Gefühle mit ein, bitte zweitens die Engel um Unterstützung, und danke drittens der unendlichen Intelligenz im Voraus.

Also nicht bitten, betteln oder flehen, sondern wiederholt danken, dass der Empfang erfolgt ist. Auch sollte der Wunschbesteller keine Kompromisse machen.

> *Mach keine schlechten Gewinne,*
> *sie sind so schlimm wie Verluste.*
> Hesiod

Das öde Verlangen wird öde beantwortet. Träge Wünsche werden träge beantwortet, und ungeduldige Wünsche werden lange hinausgeschoben oder gewaltsam erfüllt. (Was das auch immer heißen mag?) So ist es wichtig, nie einen Seufzer darüber zu verlieren. Viele unglückliche Verhältnisse sind durch träge oder ungeduldige Bitten zustande gekommen.

So habe ich mir bei all meinen Wünschen einen Satz zu Eigen gemacht, den im Übrigen auch meine Zauberlehrlinge gelehrt bekommen haben. Florence Scovel Shinn nennt diesen Satz in ihrem Buch „Das Lebensspiel" wie folgt:

*„Wenn dieser Wunsch der Meinige ist, kann ich ihn nicht verlieren; wenn er nicht der Meinige ist, erfüll' mir einen entsprechenden." „Oder, wenn dieser Mann, diese Frau die richtige ist, kann ich sie/ihn nicht verlieren, wenn aber nicht, werde ich statt dessen eine andere, einen anderen finden."*¹

Warum manche Wünsche nicht immer erfüllt werden.

Aus dem Leben weiß ein jeder, dass nicht alle Wünsche erfüllt werden. Gerade aus den Kindertagen wissen wir noch genau, dass wir speziell zu Weihnachten viele Wünsche hatten. Wir schrieben einen ellenlangen Wunschzettel, und doch fehlten unter dem Gabentisch einige Wünsche. „Du kannst dir alles wünschen; aber ob du auch alles bekommst?" Oder: *„Wenn* du deine Augen schließt, was du *dann* siehst ..." waren die Aussagen der Eltern. So haben wir die ersten Fehlschläge erlebt, sind aber nicht daran gescheitert. Beim nächsten Weihnachtsfest war die Liste wieder ellenlang.

In der Kindheit haben uns die Fehlschläge merkwürdigerweise nicht so sehr geschadet. Wir sind wieder aufgestanden und haben neu gewünscht. Im Erwachsenenalter fehlt die kindliche Leichtigkeit. Fehlschläge werden oftmals als große Hindernisse und Bedrohung angesehen, obwohl das erwachsene Bewusstsein doch genau weiß, dass wir durch manche Schicksalsschläge lernen und wachsen. (Wirklich schwer zu verstehen.)

Denk daran: Wunscherfüllungen folgen dem Weg des geringsten Widerstands, und wenn wir unsere Wünsche nicht sorgsam und spezifisch genug formulieren, können der Wunsch und vielleicht auch die Zauberkraft scheitern. Wenn die Lieferung sich verzögert und Probleme auftreten, sollten wir auf Botschaften und Signale des Universums achten, die uns den richtigen Weg weisen.

Manchmal weiß das Universum besser als wir, was richtig, was falsch für uns ist. Falls ein Wunsch einmal nicht funktioniert oder ein spiritueller Plan fehlschlägt, darfst du das Selbstvertrauen nicht verlieren oder frustriert das Wunscherfüllungsprogramm in die Ecke feuern. Das Universum weiß, was wir brauchen und was wir nicht brauchen, und manchmal, wenn man es am wenigsten erwartet, wird das Universum einschreiten und Wunder geschehen lassen.

Wichtiger Hinweis: Das hilflose Bitten

Du wirst das, was du hilflos erbittest, nicht bekommen, und du kannst auch nicht alles haben, was du möchtest. Das ist deshalb so, weil du mit deiner Bitte dir selbst zu verstehen gibst, dass ein Mangel besteht. Wenn du also sagst, dass du eine Sache haben willst, wie zum Beispiel: „Ich will aber …", führt das auch nur dazu, dass du genau diese Erfahrung – den Mangel – in die Realität produzierst. Du erlebst diesen Mangel in allen Variationen, und du bist völlig verzweifelt, weil du aus diesem Mangel noch mehr (Mangel-)Wünsche geäußert hast. Hinzu kommt, dass es unzählige feinsinnige Wunscherfüllungsbücher gibt, die dir suggerieren, wie einfach die Wünsche zu dir kommen.

Vor langer Zeit tönte eine Affirmation in mein Ohr: „Ich bin reich." Auf meine Frage, wie das denn gehen solle, bekam ich die Antwort, ich solle mir nur den Reichtum vorstellen, dann sei ich mit dieser Affirmation auf dem besten Weg, reich zu werden. Okay, obwohl absolut pleite, sollte ich fortwährend stündlich affirmieren: „Ich bin reich." Dem Himmel sei Dank, dass diese schwachsinnige Affirmation mein Ohr nur peripher streifte. Hinsichtlich meiner langjährigen Erfahrungen pflegte ich doch als Lehrmeister immer zuerst zu sagen: Schau dir deine Situation in aller Ruhe an. Pleite ist pleite, krank ist krank, eine Tatsache kann ich nicht verdrehen. Doch ich kann sie geschickter benennen:

„Im Augenblick bin ich pleite, krank, ohne Job, oder was auch immer, doch mit dem Universum, meinem Freund, halte ich Ausschau nach neuen Möglichkeiten. Universum, bist du bereit und würdest du mich sinnvoll unterstützen? Danke."

Mangeldenken

Der Mensch begrenzt sich oft in seinen Forderungen. Reichtum ist eine Sache des Bewusstseins. Es gibt eine französische Legende, die dieses gut darstellt:

Ein armer Mensch traf, als er des Weges ging, einen Wanderer, der ihn anhielt und sagte: „Mein guter Freund, ich merke, dass du arm bist. Ich möchte dich beschenken. Nimm diesen Goldklumpen. Wenn du diesen Goldklumpen hegst und pflegst, wirst du dein ganzes Leben reich sein." Der Mann war über sein großes Glück hocherfreut und nahm den Goldklumpen mit nach Hause. Er fand sofort Arbeit und wurde so wohlhabend, dass er den Goldklumpen, wie ihm aufgetragen war, liebevoll hegte und pflegte. Eines Tages traf er auf dem Wege einen armen Mann und sagte: „Mein guter Freund, ich gebe dir diesen Goldklumpen, wenn du ihn hegst und pflegst, wirst du zeitlebens reich sein." Der Bettler nahm den Goldklumpen, ließ ihn schätzen und erfuhr, dass er nur aus Messing war.

Jeder Mensch hat einen Goldklumpen in sich; es ist sein Bewusstsein, sein Lebenspotenzial von Gold oder Fülle. Dieses Bewusstsein bringt Reichtum, Wohlstand, Gesundheit, Fülle, Liebe, Erfolg, Glanz, Ruhm in das Leben.

Die Furcht, verankert im „alten Gehirnsystem", ist oftmals der einzige Feind und Widersacher des Menschen. Furcht beraubt dich all deiner Kraft, dann hast du die Fühlung mit der Universalkraft verloren.

Bist du einmal in negativer Verfassung, so gebrauche den folgenden Leitsatz:

„Mit Staunen blicke ich auf das, was vor mir liegt."[2]

Der Satz, die Affirmation bewirkt einen Zustand wundervoller Erwartung, und du wirst manches Wundervolle erhalten. Pflege das Gefühl, das Geschehen von Wundern. Pflege die Erwartung des Glücks.

Also: Der korrekte Wunsch, das korrekte Gebet ist daher nie ein Bittgesuch, sondern stets ein **Dankgebet**, im Voraus versteht sich. *Erkenne also immer dankbar und mit Freude an.*

> Bitte, so wird euch gegeben; suchet, so werdet ihr finden; klopfet an, so wird euch aufgetan.
> Denn wer da bittet, der empfängt; und wer da sucht, der findet;
> und wer da anklopft, dem wird aufgetan.
> Matthäus 7:7,8

Erkläre dem Universum immer während einer Wunscharbeit:
„Danke, dass das Beste für mich geschehen ist oder zum höchsten Wohle aller Beteiligten. Danke, dass alles universell transmutiert ist."

Auf diese Weise erlaubst du dem Universum, dich bei der Arbeit und im Spiel zu lenken, dich zu unterstützen. Manchmal ist es aber auch wichtig, mit einem kräftigen Satz „Jetzt aber los!" nachzuhelfen.

Wünschen ist und bleibt ein Spiel. Sprich mit dem Wunscherfüller deiner Wahl wie mit einem besten Freund, und vielleicht schwingst du bei deinem Wunsch einen lockeren Hüftschwung mit ein und sagst: „Tschaka-Tschaka!"

Was ist, wenn ich dem Universum, Gott oder der unendlichen Intelligenz im Voraus für etwas dankbar bin, und es trifft nie ein?

Dankbarkeit kann nicht als Instrument der Manipulation Gottes und der Götter eingesetzt werden. Oder als Mittel, um das Universum zu übertölpeln. Du kannst dich nicht selbst belügen. Dein Universum kennt die Wahrheit deiner Gedanken, und das heißt: **Glaube fest an deinen Wunsch, an die Erfüllung.** Denn es heißt schon in der Bibel: **Wenn dein Glaube auch nur so groß ist wie ein Senfkorn, wirst du Berge versetzen.**

Wähle wirklich und wahrhaftig, ganz und gar – nicht halbherzig und bekunde deine **Absicht.** Wenn du dich für etwas entscheidest, entscheide dich mit aller Kraft und aus ganzem Herzen dafür. Sei nicht halbherzig. Bleib dabei! Beweg dich stetig darauf zu.

Sei entschlossen. Wähle und liebe, was du dir wünschst – denn deine Liebe zieht die Wünsche zu dir hin. Wähle und liebe:

Ich liebe und habe Geld, Macht, Glanz, Ruhm, Liebe, Erfolg, Gesundheit, Freude, Fülle, Reichtum, Wohlstand, Sex, Wissen, Überfluss, Weisheit, Luxus[3]**, und ich bin verbunden mit der unendlichen Intelligenz und dem Universum und ich liebe mich von ganzem Herzen und nehme mich voll an.**

Übe dich darin, mindestens zehnmal am Tage diesen Satz zu sagen oder was du gewählt hast und was du liebst.
Unsere Wünsche sind in uns, um erfüllt zu werden.

Warum sollte ich mich auf das Mangelhafte konzentrieren, wenn ich auch das Schöne, die Freude, die Liebe und das Glück wählen kann.

Habe Spaß und bleibe von Dankbarkeit erfüllt und erinnere dich stets an das höchste Wohl.

Noch einmal:
Ziel setzen:

- **Wunsch** bedeutet, ein klares, starkes Gefühl zu entwickeln und zielstrebig zu sein.
- **Glaube** Je mehr du an das gesetzte Ziel und an die Möglichkeiten, es zu erreichen glaubst, umso eher wirst du Erfolg haben (Glaube ich wirklich an dieses Ziel und vertraue ich innerlich darauf, dass ich es verwirkliche oder erreichen kann?).
- **Absicht** Bekunde deine Absicht und lasse das grenzenlose Universum entscheiden.
- **Annehmen** Du musst bereit sein, das Gesuchte anzunehmen und zu behalten, wenn du es gefunden hast.

Manchmal verfolgen wir Ziele und wollen sie eigentlich gar nicht erreichen; es gefällt uns besser, sie bloß anzustreben.

Stell die Frage: „Bin ich wirklich bereit, das Angestrebte vollständig anzunehmen, oder habe ich mich nur in meine Wunschideale verliebt?"

Wunschideale haben den Wortlaut: Ah ja, das hätte ich auch gern!

Wichtige Affirmation: *„Danke, unendliche Intelligenz, dass du mir ab sofort das ... oder dies ... bringst!"*

Oder wie Neale Donald Walsch es in seinem Buch „Gespräche mit Gott", Band 1, schreibt:

„Danke dir, Gott, dass du mir ab sofort den Erfolg bringst."
„Danke, Gott, dass du mich ab sofort bei all meinen Unternehmungen hilfreich unterstützt."

Meine Veränderung: *„Danke Gott, Danke Göttin, dass du mir ab sofort den Erfolg bringst."*

Ein Satz aus meiner Klopftechnik:
„Auch wenn ich diese Woche kein Geld, keine Liebe, keine Fülle etc. aus unbekannter Quelle erhalte, liebe und akzeptiere ich mich von ganzem Herzen und nehme dankbar an."

Interessant – „*Kein*" versteht das Universum doch nicht. Sprich diesen Satz mal ohne „*Kein*" aus. Wie heißt nun der Satz und was könntest du eventuell bekommen?

Es gibt zu viele Missverständnisse auf der Welt. Viele bemühen sich, häufig vergebens, und strengen sich zu sehr dabei an. Bleibe locker, spiele wie ein Kind und habe Vertrauen. Ruhe dich aus, entspanne dich. Lass los und lass die unendliche Intelligenz des Universums wirken; darin liegt deine einzige Verantwortung. Liebe deine Arbeit, gestalte dein Leben und genieße die wundervolle Zauberwelt. Das ist es, was Glaube eigentlich bedeutet. Loslassen und das Bewusstsein in einen Wissensstand heben, um die Wunder durch dich wirken zu lassen.

Viele Menschen beten um Heilung; sie bitten Gott, sie zu heilen, aber dieses Gebet ist fehl am Platze. Gott macht dich nicht arm und krank, also macht er dich auch nicht reich, auch nicht gesund. Es geht darum, dich daran zu erinnern, dass es zwar nur ein Universum, aber mehrere Paralleluniversen gibt. Ihre Aufgabe ist jedoch nicht, Macht über dich und dein Leben auszuüben, sondern es möchte dich im Zustand deines Schöpfungspotenzials erleben, und das bedeutet: liebend, gesund, fit, wohlhabend, glücklich, freudig, erfolgreich, lachend. Es gibt nur eine Macht, und die lebt mit allen Menschen in Vollkommenheit.

„Bete nicht um etwas Bestimmtes, erwarte auch nichts Besonderes, überlass wirklich alles dem großen Universum und der unendlichen Intelligenz und es wird dir, wenn es zu deinem Lebensplan passt, alles zuteilwerden."

Wer gestaltet die negative Macht in der Realität? Sind es vielleicht Menschen, die seit Urzeiten glauben, ihr Machtgehabe negativ ausspielen zu müssen?

18. Carpe diem, nutze den Tag

Ich möchte dir noch etwas sehr Positives und Persönliches mit auf den Weg geben. Vergiss neben all diesen wunderschönen Zaubereien und Affirmationen nicht den Menschen, der für dich das Wichtigste im Leben darstellt. Das bist nämlich du selbst. Du bist der Sterntaler. Einmal im Monat einen Tag für dich, einen Tag der persönlichen Lebensfreude.

Lade auch die Engel für diesen Tag als deine imaginären Begleiter ein, um dich bei all deinen Erfüllungen zu begleiten. Vielleicht kaufst du dir einen Blumenstrauß, gehst schwimmen, machst eine Wanderung, kaufst dir etwas Schönes, leistet dir ein Essen in einem Restaurant oder ..., und immer ist ein Engel an deiner Seite. Dieser **Tag der Lebensfreude** ist keine Marotte, er ist sehr wichtig. Wichtig für die Seele.

„Carpe diem", sagten die alten Griechen, Römer und nutzten den Tag. Verschwende ihn nicht, lass ihn nicht in Frust untergehen, lass ihn nicht in einer grauen Wolke mit vielen anderen Tagen verschwinden, sondern gestalte ihn für dich. Mach etwas daraus, ohne Schuldgefühle. Und das nicht nur heute und morgen, sondern auch übermorgen und überhaupt. Denn dieser Tag ist der erste Tag vom Rest deines Lebens. Freue dich an der Gegenwart.

19. Zehn entscheidende Schritte zum erfolgreichen Wünschen - Zaubern – Visualisieren

1. Setze dir ein Ziel.

Stell dir vor, was du gerne haben möchtest, worauf du hinarbeitest, was du verwirklichen oder erschaffen willst. Es kann auf jeder Ebene sein – eine Arbeitsstelle, ein Haus, eine Beziehung, eine Veränderung in dir selbst, mehr Wohlstand, ein glücklicherer Gemütszustand, Gesundheit, Schönheit, eine bessere körperliche Verfassung.

Wähle zunächst Ziele, an die du leicht glauben kannst und wo du die Möglichkeit siehst, sie in naher Zukunft zu verwirklichen. Der Saboteur behält seinen negativen Widerstand für sich, und deine Erfolgserlebnisse beim Wünschen/Zaubern zeigen Erfolg. Gestalte deine Zielarbeit in dem 72 Stunden Erfolgsrhythmus. Die 72 Stunden Regel besagt:

- Mit der Umsetzung von Vorhaben ist es wichtig, sie innerhalb von 72 Stunden beginnen zu lassen,
- andernfalls sinken die Chancen auf unter 1%, dass das Vorhaben durchgeführt wird.

2. Konzentriere dich immer wieder darauf.

Denke oft ganz bewusst an deine Vorstellung oder an dein geistiges Bild, in stiller Meditation und gelegentlich auch tagsüber, wenn es dir zufällig in den Sinn kommt. Auf diese Art werden sie Teil deines Lebens, nehmen konkretere Formen an, und du wünschst erfolgreicher.

Wichtig: Sei dir bewusst, dass du nicht erbittert darum kämpfen oder übermäßig viel Energie dafür aufbringen musst.

Denn, ein solcher Kampf würde eher hemmend als fördernd wirken.

3. Gib deinem Ziel positive Energie.
Sei positiv und im guten Bewusstsein, wenn du dich auf dein Ziel konzentrierst. Bekräftige mit Nachdruck, dass es existiert, dass es schon verwirklicht wurde oder gerade **verwirklicht wird.**

Stell dir vor, wie du es erreichst. Falls Bedenken kommen, schaue sie dir an, bewerte sie nicht, führe vielleicht einen inneren Dialog und lasse sie dann vorüberziehen wie Wolken an einem schönen Sommerhimmel oder entferne sie mit den Worten:

WEG – UNGÜLTIG – LÖSCHEN – PARALELLUNIVERSUM.

Negative Gedanken sind wie Wolken am Himmel.

4. Gib nicht auf – du schaffst es, glaube an deinen Erfolg.

5. Du bist nun fest entschlossen, dies hier und jetzt zu verwirklichen.

6. Wenn du dich morgens vor dem Spiegel rasierst oder schminkst, lächle deinem Spiegelbild zu und sage ihm: „Ich bin das Beste, was mir im Leben passiert ist. Ich bin erfolgreich. Ich bin bewundernswert. Ich bin wertvoll. Ich liebe mich. Ich bin fantastisch." Klopfe dabei die Handkante, den Thymuspunkt, die Manifestationslinie, reibe den Wunderpunkt, einfach alles, was dir einfällt.

7. **Lobe dich für alles, was dir gelingt.**

8. Denk immer daran: Zuerst kommt der Wunsch – dann der Glaube – anschließend die Absicht und das Annehmen darf nicht vergessen werden.

9. **Wünsche dir einfach alles.** Beschränke dich nicht. Bestelle direkt beim Universum, aber nicht durcheinander. (Heute dies - morgen das.) Behalte den Überblick.

10. Erkläre dem Universum unmissverständlich **deine Absicht**. Du darfst ruhig etwas herumnörgeln, wenn der Wunsch zu lange auf sich warten lässt. (Kleine Kinder nörgeln und bekommen den Lolli.

20. Wie gehst du nun am besten vor?

- Wünschen ist keine Kunst und Wissenschaft, Wünschen ist nur eine Umwandlung der Gedanken in eine Form mithilfe des eigenen Glaubens und der Göttlichkeit. Jeder positive Wunsch soll eine Balance schaffen. Wenn die Dinge in deinem Leben wirklich aus dem Gleichgewicht geraten sind und du beschließt, bei deinem Gesamtplan auch das Wunscherfüllen mit einzubeziehen, so kannst du damit rechnen, dass sich einige erfolgreiche Dinge ereignen.
- Bleibe absolut locker und freue dich und sei erstaunt ob der Wunder, wenn der Wunsch per Luftfracht in dein Haus/deine Wohnung flattert.
- Sei vorsichtig mit dem, was du dir wünschst – du könntest es bekommen.
- Falls dein Wünschen fehlschlägt, so rapple dich wieder hoch und probiere eine andere Taktik aus. Du musst wissen:

Manchmal verstehen wir nicht, was am besten für uns ist. Das Universum gibt uns dann einen festen Tritt und einen Schubs oder auch zwei, damit wir uns für unsere Mission im Leben in die richtige Richtung drehen.

- Wie lange wird es dauern, bis sich dein Wunsch manifestiert hat? Wie lange wirst du warten müssen, bis etwas geschieht?

  o Antwort: Du wirst so lange warten müssen, wie es nötig ist, oder so lange, wie du es für richtig hältst.

- Die Magie geht den Weg des geringsten Widerstands.

Kleine Wünsche manifestieren sich normalerweise (aber nicht immer) schneller als große. Wenn du dir zum Beispiel faszinierende Schönheit herbeizauberst, um dich bei einem Vorstellungsgespräch von deiner besten Seite zeigen zu können, so wirkt der Wunsch sofort. Aber die Arbeit an einer umfassenden Änderung deiner Psyche, bei der auch deine persönliche Spiritualität verstärkt werden soll, kann Wochen, vielleicht sogar Monate oder Jahre dauern. Normalerweise manifestieren sich kleine Ziele in einem Zeitraum von vierundzwanzig Stunden bis zu dreißig Tagen. Wenn du dein kleines Ziel innerhalb von dreißig Tagen nicht erreicht hast, beginnst du – ohne Frust - wieder von vorne.

Man nennt diese Technik „von Mond zu Mond".

- Größere Ziele erfordern oftmals einen mehrstufigen Aufbau deiner Wunschtechnik. Es kann notwendig sein, jeder Woche eine andere Art von Wunschtechnik zu betreiben, um dein übergeordnetes Ziel zu erreichen.
- Die alten Lehrer empfehlen: „Sprich einen Spruch und dann vergiss ihn." Sie meinten damit: „Sag deinen Spruch, und lasse es geschehen." Wenn negative Gedanken in die Wuncharbeit einfließen (das Beste hoffen und das

Schlimmste befürchten) oder der Wunsch auch nicht präzise formuliert ist, wird das angestrebte Ziel torpediert. Doch gibt es auch andere, die wiederum sagen: „Denke stets an deine Wünsche – Träume - Visionen." Teste es für dich aus, was das Beste für dich ist, und überprüfe mit Matrix oder dem kinesiologischen Test, ob eventuell eine psychologische Umkehrung vorliegt.

- Ich heiße jede Lösung willkommen, die zu meinem Glück führt.[1]

Das Gesetz der Wunscherfüllung funktioniert wie das „Ohmsche Gesetz", das da sagt:

"Bei gleichbleibender SPANNUNG fließt umso mehr STROM, je kleiner der WIDERSTAND ist."

Gewandelt auf die Lebensenergie des Menschen heißt es:

"Bei gleichbleibender LEBENSKRAFT fließt umso mehr LEBENSENERGIE, je kleiner die BLOCKADEN sind."

Konditionierungen, Blockaden, Muster etc. im alten Gehirnsystem behindern die Lebensenergie und das Zeitfenster der Wunscherfüllung.

21. Die Reise beginnt

Du hast dich in den letzten Tagen intensiv mit deinem Zauberprogramm beschäftigt. Du hast eine Liste im Kopf oder auch schriftlich mit allen erforderlichen Zutaten erstellt. Deine „Zutaten" liegen eventuell schon bereit. Die emotionale und geistige Einstimmung auf den dreißigtägigen Mondzyklus hebt dich mehr und mehr in dein neues Bewusstsein.

Vor dir liegt nun eine spannende, erfreuliche und überraschende Zeit. Du weißt noch nicht, auf welche Zauberkraft du dich einlässt. Du bist bestimmt ein bisschen neugierig, hast keine Erwartungshaltung (oder doch?) und wartest gespannt darauf, dass die dreißig Tage wie im Flug vergehen. Ich gebe zu bedenken, jeder Tag hat vierundzwanzig Stunden, und jeder Tag ist so lang wie alle Tage in unserem Leben. An jedem Tag kannst du die Zauberprogramme nach deinem Gusto durchführen. Du kannst und darfst verändern, gestalten, neu starten, sodass die Zeit für dich mit dir im optimalen Rhythmus ist.

Erfolgszusagen kann ich keine machen; doch ich sage nur so viel: Die Zeit ist spannend, lustig, prickelnd und zauberhaft.

Ich wünsche dir eine gute überraschende Hokuspokus[1]-Zauberzeit.

Du hast alle Zeit der Welt. Plane deinen großen Auftritt mit Geduld, Umsicht und Ruhe.

In der Ruhe liegt die Kraft!

Das Leben gibt dir, wonach du wahrlich verlangst, und die Quelle des wahren Glücks liegt tief in dir. In unserem tiefsten Verlangen und in unseren kühnsten Träumen liegen die Schlüssel zum Glück. Nutze für dich auch die Kraft der positiven Anerkennung und der Achtsamkeit.

Belohne oder achte dich bei allen Übungen durch und mit deinem Sparschwein, deiner Dreambox. Vielleicht legst du für dich einen gewissen Betrag fest, der regelmäßig ins Sparschwein/Dreambox bei allen Achtsamkeitsübungen verschwindet. Am Ende, also nach dreißig Tagen, wirst du für deine besondere Leistung vielleicht doppelt belohnt.

Belohne auch deinen größten Freund und Liebhaber – das Universum.

-lichen Glückwunsch.

Wo liegt denn hier die zauberhafte Fülle?? Wie finde ich die magische Zauberfee??

Du bist nun bereit! Ab jetzt hältst du Ausschau nach den verschiedenen Feldern und Möglichkeiten der wunderbaren Zauberwellen und sagst:

„Okay, es kann losgehen!"

1. Erfolgszauber-Tag – Wünsche manifestieren Wünsche transmutieren

Der erste Tag ist ein Tag der Wandlungen und des Neuanfangs. Dein Tagesablauf, deine geistigen und emotionalen Interessen werden langsam von der Transmutationswelle erfasst. Du legst deinen Fokus auf deine Wünsche. Schreibe all deine Wünsche auf. Danach wählst du einen Wunsch oder auch mehrere aus. Schau in dem Kapitel „Edle energetische Tricks" nach und entscheide dich erst mal für ein kleines Ritual mit

> der Kerze
> oder dem Flying Wish Papier
> oder der Schatzkarte.

Du weißt, große Wünsche dauern etwas länger und müssen vielleicht nach dreißig Tagen wiederholt werden, kleine Wünsche hingegen sind erfahrungsmäßig schnell erfüllt.

An diesem und in den folgenden Tagen machst du dich mit den Ölen und den Kräutern vertraut.

Stelle bitte auch deinem verborgenen „Ich" die Frage, ob es irgendwelche Bedenken/Einwände gegen deine Wünsche hat. Vielleicht ist ein innerer Dialog mit deiner tief liegenden Persönlichkeit angesagt. (Siehe Dschinni Wunschbeamer.).

Übungen: Diese sind in den nächsten dreißig Tagen, wenn es geht, jeden Tag auszuüben.

Sie machen dich stärker, mutiger und bewusster. In deiner alltäglichen Welt wirst du damit fantastische wundervolle Wunder erleben. Eine interessante Frage könnte dir gestellt und ein dickes Kompliment gegeben werden: „Bist du verliebt?"

Rituale:
1. Wiederhole oftmals deine persönliche Affirmation, wenn es geht, vor dem Spiegel: *„Ich bin das Beste, was mir im Leben passiert ist."* Wenn es dir angenehm ist, kannst du danach deine Fingerspitzen sanft mit deinem Mund berühren (küssen).
2. Klopfe abwechselnd dein Handchakra rechts und links mit der Faust und stampfe mit den Füßen fest auf den Boden oder gehe durch den Raum im Dreiviertel-Takt und klopfe und spreche dabei „Urmatrix transmutieren" oder „Ich habe es geschafft" oder „**OHASE** – Optimal Hat Alles Sich Entwickelt" oder „**PHASE** – Perfekt Hat Sich Alles Entwickelt". (Siehe vielleicht noch einmal im Kapitel Klopftechnik nach.)
3. Gestalte am Abend die Übung mit der Neutralise, um die HHN-Achse zu beruhigen. (Siehe Kapitel Gehirnsysteme.)

Affirmation: Dreambox, ich freue mich, dass du heute um ... reicher geworden bist.

Ich weiß, du schaffst es. In den dreißig Tagen werden sich dein Optimismus, deine Zuversicht in ein konkretes Gefühl von Erfolg, Glück, Freude, Vitalität, Klarheit verwandeln.

2. Erfolgszauber-Tag – Transmutations-Tag

Das Leben ist ein Prozess,
kein Zustand.
Es ist eine Richtung,
kein Ziel.

Guten Morgen – ab heute gestaltet sich dein Tagesablauf zunehmend spannender.

Es ist ein besonderer Tag. Du wählst dir heute etwas aus, das dir, deinem Wohlgefühl, deiner Energie oder deiner Intuition von ganzem Herzen gut tut. Dabei kannst du das Universum um Hilfe bitten, dir schöne Ideen einzugeben. Diese folgenden Transmutations-Sätze kannst du mit deiner Absicht benennen und auch in die sieben Wunderpunkte einklopfen.

- Ich transmutiere an jedem Tag die absolut perfekte „Erfolgs-Dauer-Welle".
- Ich transmutiere den Parkplatz.
- Ich transmutiere für mich und für meine Familie den heutigen Tag zum perfekten Wellentag.
- Ich transmutiere Gesundheit, Wohlergehen, Freude, Glück und jede Menge Endorphine.
- Ich transmutiere das Essen für mich zum höchsten Wohle.
- Ich transmutiere den Arbeitsplatz.
- Ich transmutiere die Autofahrt, den Urlaub etc.
- Ich habe die Absicht und transmutiere, dass ich von diesem Tag an in der optimalen Vollkommenheit und im optimalen Wohlstand meines Lebens bin. Dazu hole ich die universellen Energien und sage:

Aktivieren" – „installieren" – „transmutieren".
Und los geht's.

Rituale:

1. Wiederhole oftmals deine persönliche Affirmation, wenn es geht, vor dem Spiegel: *„Ich bin das Beste, was mir im Leben passiert ist."* Wenn es dir angenehm ist, kannst du danach deine Fingerspitzen sanft mit deinem Mund berühren (küssen).

2. Klopfe abwechselnd dein Handchakra rechts und links mit der Faust und stampfe mit den Füßen fest auf den Boden oder gehe durch den Raum im Dreiviertel-Takt und klopfe und spreche dabei „Urmatrix transmutieren" oder „Ich habe es geschafft" oder „**OHASE** – Optimal Hat Alles Sich Entwickelt" oder „**PHASE** – Perfekt Hat Alles Sich Entwickelt". (Siehe vielleicht noch einmal im Kapitel Klopftechnik nach.)

3. Tagebuch – Schreibe in dein Tagebuch deine besonderen Gefühle, Stimmungen, Erfolge.

4. Gestalte am Abend die Übung mit der Neutralise, um die HHN-Achse zu beruhigen. (Siehe Kapitel Gehirnsysteme.)

5. **Affirmation**: Dreambox, ich freue mich, dass du heute um … reicher geworden bist.

Hast du schon eine große Einkaufsliste für die Öle/Kräuter oder für die anderen Zaubermaterialien erstellt?

3. Erfolgszauber-Tag – Miraculix & Asterix-Tag

Lege heute den Sicherheitsgurt an. Eventuell springst du so hoch und bist so voller Energie und Kraft wie Asterix.

Heute verbindest du dich mit Miraculix. Sammle deine Kräuter und „rühre" sie an. Stelle deine ausgetesteten Öle auf die Übertragungskarte und transmutiere sie auf das Ethanol-Fläschchen. Zeichne mit deinem Zeigefinger fünfmal einen Kreis gegen und im Uhrzeigersinn um das Fläschchen und sage: Transmutation. Anschließend nimmst du persönlich den Duft der Kräuter und Öle auf, und du fühlst die starke Super-Kraft von Asterix. Einfach Super! Einfach Spitze! Einfach genial!

Rituale:

1. Wiederhole oftmals deine persönliche Affirmation, wenn es geht, vor dem Spiegel: *„Ich bin das Beste, was mir im Leben passiert ist."* Wenn es dir angenehm ist, kannst du danach deine Fingerspitzen sanft mit deinem Mund berühren (küssen).

2. Klopfe abwechselnd dein Handchakra rechts und links mit der Faust und stampfe mit den Füßen fest auf den Boden oder gehe durch den Raum im Dreiviertel-Takt und klopfe und spreche dabei „Urmatrix transmutieren" oder „Ich habe es geschafft" oder „**OHASE** – Optimal Hat Alles Sich Entwickelt" oder „**PHASE –** Perfekt Hat Sich

Alles Entwickelt". (Siehe vielleicht noch einmal im Kapitel Klopftechnik nach.)

3. Tagebuch – Schreibe in dein Tagebuch deine besonderen Gefühle, Stimmungen, Erfolge.

4. Gestalte am Abend die Übung mit der Neutralise, um die HHN-Achse zu beruhigen. (Siehe Kapitel Gehirnsysteme.)

5. Danke Gott, danke Göttin, dass du mir ab sofort den Erfolg bringst. (Bei diesen Worten reibst du immer deine Hände mit dem Erfolgsspray ein.)

6. Versprühe auf deine Wünsche und um dich herum die edlen energetischen Öle.

Verteile nun auch in kleinen Prisen die „Edlen-Erfolgs-Kräuter" in die Schuhe.

Affirmation: Dreambox, ich freue mich, dass du heute um … reicher geworden bist.

Erst veränderst du dich … und dann dein Leben.

4. Erfolgszauber-Tag – Synergie der vier Gehirnsysteme

Übung: „Synergie"

1. Erster Punkt: Nacken

2. Zweiter Punkt: an Stirn und Augen

2. Übung
Ich lege die erste Hand auf den Hinterkopf
– emotionale Linie –,
die zweite Hand auf die Stirn.

Mit der „Stirnhand" ziehe ich Gedanken wie: Konditionierungen, Muster der Vergangenheit, Belastungen und Informationen auf allen Ebenen des Seins mit den Machtwörtern

weg oder **ungültig** oder **Paralleluniversum**

aus dem „Kopf".

3. Übung
Ich habe die Absicht,
  a. eine Synergie zwischen dem alten und neuen Gehirnsystem,
  b. zwischen der rechten und linken Gehirnhälfte, dem Groß-und Emotionalhirn,
  c. dem limbischen System, Bewusstsein und Unterbewusstsein und allen chemischen Substanzen, allen feinstofflichen Energien, allen Gehirnzellen
  zu harmonisieren, zu optimieren, zu transmutieren und zu bewegen.

Dazu hole ich mit der freien Hand die universelle Heilenergie.

4. **Übung**
Lass los (z. B. ausatmen), und los geht's.

Möchtest du speziell die linke und rechte Gehirnhälfte bewegen und aktivieren, ist es etwas schwierig, in der Eigenbehandlung die Hände auf den Kopf zu legen.

Dafür steht die Nasenwurzel zur Verfügung. Sie stellt symbolisch beide Gehirnhälften dar. Die Nasenwurzel wird bei dieser Übung mit den Fingerspitzen vom Zeigefinger der rechten und linken Hand berührt, und so kannst du nun deine rechte und linke Gehirnhälfte optimieren, indem du sagst:
„Ich optimiere jetzt meine rechte und linke Gehirnhälfte, alle Neurotransmitter, Neuropeptide, alle chemischen Substanzen, alle feinstofflichen Substanzen, Nervenströme und Nervengeflechte, und ich verbinde die rechte und linke Gehirnhälfte mit der Heilenergie 8 (die liegende Acht) und alle anderen Heilenergien, die nötig sind, und ich bewege die Gehirnzellen.

„Aktivieren" – „installieren" – und los geht's.

Wer einmal sich selbst gefunden hat, kann nichts auf der Welt mehr verlieren.

Stefan Zweig

5. Erfolgszauber-Tag – Universums-Tag

Nimm dir nach dem Aufwachen täglich fünf Minuten Zeit und wende gedanklich das Zauberritual an, ohne an irgendwas Besonderes zu denken:

„Guten Morgen, Universum, wenn ich zaubern könnte, welche Schätze, Informationen, Geschenke, liegen heute bei dir für mich zur Abholung bereit?"

Anschließend sage:
„Aktivieren" – „installieren" – „transmutieren".

Danach sagst du:
„Heilenergie vier – die Urmatrix – mein Schöpfungspotenzial"
„aktivieren" – „installieren" – „transmutieren"
und los geht's.

Die persönliche Energie, die du einsetzt, um ein Ziel zu erreichen, ist das Hindernis auf dem Weg zum Ziel. Das heißt, es ist sinnvoll, keine Vorstellungskraft aufzuwenden, um eine bildhafte Vision vor deinem geistigen Auge entstehen zu lassen. Erzwinge nichts. Sobald du weißt, was du gewählt hast und wofür du dich entschieden hast, lass es los, halte es nicht fest. „ES" einfach geschehen lassen, und „ES" geschieht.
Fühle: „Es" geschieht durch dich.

Rituale:
1. Wiederhole oftmals deine persönliche Affirmation, wenn es geht, vor dem Spiegel: *„Ich bin das Beste, was mir im Leben passiert ist."* Wenn es dir angenehm ist, kannst du danach deine Fingerspitzen sanft mit deinem Mund berühren (küssen).

2. Klopfe abwechselnd dein Handchakra rechts und links mit der Faust und stampfe mit den Füßen fest auf den Boden oder gehe durch den Raum im Dreiviertel-Takt und klopfe und spreche dabei „Urmatrix transmutieren" oder „Ich habe es geschafft" oder „**OHASE** – Optimal Hat Alles Sich Entwickelt" oder „**PHASE** – Perfekt Hat Alles Sich Entwickelt". (Siehe vielleicht noch einmal im Kapitel Klopftechnik nach.)
3. Tagebuch – Schreibe in dein Tagebuch deine besonderen Gefühle, Stimmungen, Erfolge.
4. Gestalte am Abend die Übung mit der Neutralise, um die HHN-Achse zu beruhigen. (Siehe Kapitel Gehirnsysteme.)
5. Danke Gott, danke Göttin, dass du mir ab sofort den Erfolg bringst. (Bei diesen Worten reibst du deine Hände.)
6. Versprühe auf deine Wünsche und um dich herum die edlen energetischen Öle.

Verteile nun auch in kleinen Prisen die „Edlen-Erfolgs-Kräuter" in die Schuhe.

Affirmation: Dreambox, ich freue mich, dass du heute um … reicher geworden bist.

Unter allem, was zu einem Glücklichen Leben beiträgt, gibt es kein größeres Gut, keinen größeren Reichtum als die Freundschaft.
Epikur

6. Erfolgszauber-Tag – Entspannungs-Tag

Nimm dir zur bestimmten Zeit am Tag fünfzehn Minuten Zeit für eine kleine Entspannungsübung (Gymnastik, höre Musik, wenn du kannst, mache etwas Yoga oder autogenes Training, trinke genussvoll eine Tasse Kaffee oder Tee und schaue nach draußen etc.). Beobachte dabei deine Gedanken ohne Wertung. Finde sie einfach nur interessant. Wenn du möchtest, kannst du auch folgende Worte zu deinen Gedanken sagen: *„Ich lasse dich, den Gedanken – die Gedanken, fliegen wie eine Möve oder Schwalbe über das blaue Meer, ohne Rücksicht auf Raum und Zeit."*

Stelle dir dabei dieses fantastische Bild vor:

Genieße deine kleinen Rituale und affirmiere:
„Mit Staunen schaue ich auf die vielen Wunder, die vor mir liegen!"

Rituale:

1. Wiederhole oftmals deine persönliche Affirmation, wenn es geht, vor dem Spiegel: *„Ich bin das Beste, was mir im Leben passiert ist."* Wenn es dir angenehm ist, kannst du danach deine Fingerspitzen sanft mit deinem Mund berühren (küssen).

2. Klopfe abwechselnd dein Handchakra rechts und links mit der Faust und stampfe mit den Füßen fest auf den Boden oder gehe durch den Raum im Dreiviertel-Takt und klopfe und spreche dabei „Urmatrix transmutieren" oder „Ich habe es geschafft" oder **„OHASE** – Optimal Hat Alles Sich Entwickelt" oder **„PHASE –** Perfekt Hat Alles

Sich Entwickelt". (Siehe vielleicht noch einmal im Kapitel Klopftechnik nach.)

3. Tagebuch – Schreibe in dein Tagebuch deine besonderen Gefühle, Stimmungen, Erfolge.

4. Gestalte am Abend die Übung mit der Neutralise, um die HHN-Achse zu beruhigen. (Siehe Kapitel Gehirnsysteme.)

5. Danke Gott, danke Göttin, dass du mir ab sofort den Erfolg bringst. (Bei diesen Worten reibst du deine Hände.)

6. Versprühe auf deine Wünsche und um dich herum die edlen energetischen Öle.

Verteile nun auch in kleinen Prisen die „Edlen-Erfolgs-Kräuter" in die Schuhe.

Affirmation: Dreambox, ich freue mich, dass du heute um … reicher geworden bist.

> **Großer Geist –
> gib,
> Dass ich meinen Nachbarn
> Nicht eher tadle
> Als ich eine Meile
> In seinen Mokassins
> Gewandert bin.**
>
> Indianisches Sprichwort

7. Erfolgszauber-Tag – Herzöffnungs-Tag

Denk dir ein kleines Ritual für „gute Energien" aus. Fünf Minuten reichen, aber es darf auch länger sein. Erlaubt ist alles, auch das Universum bitten, jemandem Licht, Kraft und Energie zu senden, der es besonders braucht. (Bitte ganz wichtig: nie in Gedanken die eigene Energie senden, sondern immer das Universum damit beauftragen.)

Wenn Herzen sich öffnen, ist verzeihen möglich.

Öffne dein Herz mit der Herz-Öffnungsmatrix-Übung.
Formuliere deine Absicht klar und präzise, positiv und im Hier und Jetzt.

1. Suche den ersten Punkt und verankere die rechte oder linke Hand.

Bei all den Matrix- und Neutralise-Übungen ist es sinnvoll, einen Sessel oder eine weiche Unterlage hinter dem Rücken zu haben. Aufgrund der Quantenwellen, die auf den Körper prallen, wird die Stabilität des Körpers ins Wanken gebracht.

2. Absicht formulieren:
„Ich öffne mein Herzzentrum ganz weit auf der Vorder- und Rückseite für:
Liebe, Vertrauen, Glauben, Gnade, Dankbarkeit, Mut, Frieden, Vergebung, Erfolg, Glanz, Ruhm, Macht, Wissen, Neugeburt, Fülle, Wohlstand, Reichtum, Transmutation, göttliche Energie, Entwicklung und für alle Schätze, Geschenke und Informationen, die das Universum für mich bereithält."

3. Hole mit der freien Hand die Welle aus dem Universum. Hast du die Intuition einer Information in der freien Hand, suche jetzt den zweiten Punkt und sage:

„Aktivieren"- „installieren" – „transmutieren".

Lasse los (z. B. ausatmen) und sage dann: „Und los geht's."

Nach dieser Herzöffnungsübung bist du sehr tief mit dem Nullpunktfeld verbunden, und es können sich Lösungs-, Heilungs- und Wunschübungen anschließen.

Versprühe auf deine Wünsche und um dich herum die edlen energetischen Öle.
Verteile nun auch in kleinen Prisen die
„Edlen-Erfolgs-Kräuter" in die Schuhe.

Affirmation: Dreambox, ich freue mich, dass du heute um ... reicher geworden bist.

> **Fantasie ist wichtiger als das Wissen.**
> **Wissen ist beschränkt.**
> **Fantasie umspannt die Welt.**
> Albert Einstein

8. Erfolgszauber-Tag – Lichtsäulen-Tag
Die magische Lichtsäule

Für einen Zauber aktiviere heute um deinen energetischen Kraftplatz eine magische Lichtsäule. Ziehe gedanklich einen Kreis um dich. Diesen verankere tief ins Erdinnere und ziehe ihn dann hoch bis ins Universum. So kannst du besser und intensiver die Hilfe des Universums in Anspruch nehmen. Du sitzt oder stehst in dieser Lichtsäule. Zusätzlich lasse farbiges Licht oder die Farben des Regenbogens in die Lichtsäule einströmen. Mit der Matrix-Absicht aktivierst du dann das kosmische ultraviolette Licht und holst die Informationen, die Schätze und Geschenke des Universums.

Eine schöne Übung ist es auch, wenn du deinen Wunsch imaginär auf die Hand legst und anschließend kräftig - oder zart und sanft - über die Hand pustest, sodass der Wunsch hoch ins Universum fliegt.

Du kannst auch visionieren, dass vom Universum ein goldener Korb herabgelassen wird, in den du dann deinen Wunsch legst. Engel können dich begleiten. Liebliche Musik kann erklingen. Liebevolle gedankliche meditative Träume dich verzücken, und wenn du noch zusätzlich in die zarte Flamme einer Kerze schaust, dich dabei auf dein drittes Auge konzentrierst, entsteht eine intensive Verbindung zu deiner Seele.

Bleibe weiterhin in Verbindung mit deinen täglichen Ritualen und versprühe auf deine Wünsche und um dich herum die edlen energetischen Öle.

Verteile nun auch in kleinen Prisen die
„Edlen-Erfolgs-Kräuter"
in die Schuhe.

9. Erfolgszauber-Tag – Engel-Tag

Heute ist ein Engel-Luftballon-Tag. Lasse den Ballon gegen Abend in die Lüfte steigen. Begleite ihn mit dem Engel-Ritual.

Verwandlung
*Engel kommen in verschiedenen
Gewändern
und verwandeln sich ständig.
Manchmal ist es deine Freundin, dein
Freund, die dir ein Wort sagen. Manchmal
ist es ein Kind im Supermarkt, das dich
liebevoll anlächelt und dich verzaubert.
Manchmal ist es der Anblick
eines Menschen,
der dir den Atem raubt.
Manchmal ist es ein Lied,
das dir eine Botschaft mitbringt.*

Afschin Kamrani

„Ihr Engel der Liebe und des Lichts, legt einen Schutzmantel um mich!"

Oder sage:
„Ich transmutiere jetzt für mich und für meine Familie einen Schutzmantel der Liebe und des Lichts zum höchsten Wohle."

Bleibe weiterhin in Verbindung mit deinen täglichen Ritualen und versprühe auf deine Wünsche und um dich herum die edlen energetischen Öle.

Verteile nun auch in kleinen Prisen die
„Edlen-Erfolgs-Kräuter"
in die Schuhe.

Affirmation: Dreambox, ich freue mich, dass du heute um ... reicher geworden bist.

10. Erfolgszauber-Tag – Carpe-diem-Tag
Carpe diem, nutze den Tag.

Ich möchte dir etwas sehr Positives und Persönliches mit auf den Weg geben. Vergiss neben all diesen wunderschönen Zaubereien und Affirmationen nicht den Menschen, der für dich das Wichtigste im Leben darstellt. Das bist nämlich du selbst. Du bist der Sterntaler. Heute ist der Tag für dich, ein Tag der persönlichen Lebensfreude.

Lade auch die Engel für diesen Tag als deine imaginären Begleiter ein, um dich bei all deinen Erfüllungen zu begleiten. Vielleicht kaufst du dir einen Blumenstrauß, gehst schwimmen, machst eine Wanderung, kaufst dir etwas Schönes, leistet dir ein Essen in einem Restaurant oder ..., und immer ist ein Engel an deiner Seite. Dieser **Tag der Lebensfreude** ist keine Marotte, er ist sehr wichtig. Wichtig für die Seele.

„Carpe diem" sagten die alten Griechen, Römer und nutzten den Tag. Verschwende ihn nicht, lass ihn nicht in Frust untergehen, lass ihn nicht in einer grauen Wolke mit vielen anderen Tagen verschwinden, sondern gestalte ihn für dich. Mach was daraus, ohne Schuldgefühle. Und das nicht nur heute und morgen, sondern auch übermorgen und überhaupt. Denn dieser Tag ist der erste Tag vom Rest deines Lebens. Freue dich an der Gegenwart.

Heute ist der erste Tag vom Rest deines Lebens.

11. Erfolgszauber-Tag – Wunschritual-Tag

Dieser Tag wird heute für das große Wunschritual frei gehalten.

In den vergangenen zehn Tagen ist dein großer Wunsch mehr und mehr in dein Bewusstsein eingetreten, und heute weißt du sehr genau, welches Wunschritual du vornehmen möchtest. Ist es vielleicht die Zauberdose oder die goldene Kordel oder auch der Wunschbeamer?

Wie du weißt, ist bei jedem Wunsch das Gefühl absolut wichtig. Fühle heute auch ganz besonders mit dem Herzen.

Suche dir ein Gefühl aus, das du gerne mit deinem Wunsch verstärken und erleben möchtest. Dann setze dich ruhig hin und halte nach einem Gefühl – es können auch mehrere sein – in dir Ausschau.

Beispiele für Gefühle: Freude, Liebe, Mut, Dankbarkeit, Frieden, Sinnlichkeit, Lachen, Zärtlichkeit, Geduld, Mitgefühl, Erfolg, Geduld, Integrität, Demut, Gerechtigkeit, Selbstvertrauen, Weisheit.

Beobachte es einfach nur, egal wie klein und schwach es im Moment auch sein mag. Anschließend gibst du diesem Gefühl ein Bild, ein Symbol und lässt es mit einer wunderbaren Matrix-Übung einfließen.

Die Energie folgt der Aufmerksamkeit, und das, was wir beobachten, wächst.

Übung: „Selbstliebe"

1. Suche den ersten Punkt.

2. Stelle dir ein Symbol für Selbstliebe vor – so zum Beispiel:
   a. ein Herz
   b. einen Spiegel
   c. Liebeselixier - Liebesperlen, die sich wie Wasser aus dem Duschkopf über deinen Körper ausschütten
   d. eine Blume
   e. oder verwende dein persönliches Symbol.

3. Such dir einen zweiten Punkt und sage:

   „Aktivieren" – „installieren" – „transmutieren".

4. Mit deinem Ausatmen lässt du los und sagst:
   „Und los geht's."

Bleibe weiterhin in Verbindung mit deinen täglichen Ritualen und versprühe auf deine Wünsche und um dich herum die edlen energetischen Öle.

Verteile in kleinen Prisen die „Edlen- Erfolgs-Kräuter" in die Schuhe.

Affirmation: Dreambox, ich freue mich, dass du heute um ... reicher geworden bist.

12. Erfolgszauber-Tag – Spiel- und Freizeit-Tag

Dieser Tag ist ein Freizeit- und Spielzeit-Tag. Also spiele und sei frei! Erinnere dich doch einmal, was als Kind dein Lieblingsspiel war (zum Beispiel ich packe meinen Koffer und nehme mit), und probiere es wieder einmal aus. Oder tue irgendetwas, das kein Ziel verfolgt, keine Eile hat und sich nicht lohnen muss. Nimm diese Übung ernst und mache sie wirklich. Sie ist eine gute Herausforderung und verlangt den Steuermann in dir.

Stille ist das Element, in dem große Dinge reifen.
(Thomas Carlyle)
Der überlegene Mensch ist immer gelassen und ruhig.
(Konfuzius)
Nur Stille und Vertrauen verleihen euch Kraft.
(Jesaja)

Rituale:

1. Wiederhole oftmals deine persönliche Affirmation, wenn es geht, vor dem Spiegel: *„Ich bin das Beste, was mir im Leben passiert ist."* Wenn es dir angenehm ist, kannst du danach deine Fingerspitzen sanft mit deinem Mund berühren (küssen).
2. Klopfe abwechselnd dein Handchakra rechts und links mit der Faust und stampfe mit den Füßen fest auf den Boden oder gehe durch den Raum im Dreiviertel-Takt und klopfe und spreche dabei „Urmatrix transmutieren" oder „Ich habe es geschafft" oder „**OHASE** – Optimal Hat Alles Sich Entwickelt" oder „**PHASE** – Perfekt Hat Alles Sich Entwickelt". (Siehe vielleicht noch einmal im Kapitel Klopftechnik nach.)
3. Tagebuch – Schreibe in dein Tagebuch deine besonderen Gefühle, Stimmungen, Erfolge.

4. Gestalte am Abend die Übung mit der Neutralise, um die HHN-Achse zu beruhigen. (Siehe Kapitel Gehirnsysteme.)

5. Danke Gott, danke Göttin, dass du mir ab sofort den Erfolg bringst. (Bei diesen Worten reibst du deine Hände.)

6. **Neue Übung**: Lerne, mehr zu sagen: „Universum, würdest du ..."

Affirmation: Dreambox, ich freue mich, dass du heute um ... reicher geworden bist.

Versprühe auf deine Wünsche und um dich herum die edlen energetischen Öle.

Verteile in kleinen Prisen die „Edlen Erfolgs-Kräuter" in die Schuhe.

♥-lichen Glückwunsch, zwölf Tage sind vergangen, und du bist ein richtiger kleiner Zauberer geworden. Deine Ausstrahlung ist zum Verlieben schön, dein Spar-Schwein/Dreambox ist dicker und schwerer geworden, und vielleicht sind kleine Wünsche schon in Erfüllung gegangen.

Ich bin sehr stolz auf dich.

13. Erfolgszauber-Tag – Entspannungs-Tag

Wer sich vor lauter Angst im
Gebüsch versteckt,
wird auf keinen grünen Zweig kommen.

Nimm dir zur bestimmten Zeit am Tag fünfzehn Minuten Zeit für eine kleine Entspannungsübung (Gymnastik, höre Musik, wenn du kannst, mache etwas Yoga oder autogenes Training, trinke genussvoll eine Tasse Kaffee oder Tee und schaue nach draußen etc.). Beobachte dabei deine Gedanken ohne Wertung, finde sie einfach nur interessant. Wenn du möchtest, kannst du auch folgende Worte zu deinen Gedanken sagen: „Ich lasse meine Gedanken fliegen wie Heißluftballons, werfe allen Ballast ab, damit ich höher und weiter fliegen kann, ohne Rücksicht auf Raum und Zeit".

Stelle dir dabei dieses fantastische Bild vor:

Da alles in allem enthalten ist und wir die Anlage zu jedem Gefühl jederzeit in uns tragen, ist auch jederzeit ein Rest von jedem Gefühl in uns vorhanden. Wenn du also gerade sehr gestresst bist, dann gibt es trotzdem noch irgendwo einen winzigen Rest des Gefühls von Ruhe in dir. Halte in der Stille Ausschau nach diesem Restgefühl von Ruhe, und beobachte es einfach nur so intensiv wie möglich.

Danke, dir Universum, dass du mir ab sofort die Klarheit für meine Lebensaufgabe schickst. Gleichzeitig schicke ich mit diesem Satz alle negativen Gedanken aus meinem Bewusstsein:

Negativer Raum, negative Zeit, gehe dahin zurück, wo du hergekommen bist.

WEG – LÖSCHEN – UNGÜLTIG – PARALLELUNIVERSUM

Bitte diesen Satz dreimal oder auch mehrmals sagen und abweisende Bewegungen machen.

Anschließend holst du dir mit einer Handbewegung die universelle Wunsch-Energie und die Erfolgswelle zur Transmutation aus dem Universum und sagst:

„Aktivieren" – „installieren" – „transmutieren"

und los geht's.

Versprühe auf deine Wünsche und um dich herum die edlen energetischen Öle.

Verteile in kleinen Prisen die „Edlen- Erfolgs-Kräuter" in die Schuhe.

Affirmation: Dreambox, ich freue mich, dass du heute um ... reicher geworden bist.

Tue mehr als zu existieren	*lebe*
Tue mehr als zu schauen	*beobachte*
Tue mehr als zu berühren	*fühle*
Tue mehr als zu lesen	*nimm auf*
Tue mehr als zu hören	*höre zu*
Tue mehr als zuzuhören	*verstehe*

John H. Rhoades

14. Erfolgszauber-Tag – Lästige Kleinigkeiten

Überlege dir heute, welche Kleinigkeiten in deinem Leben noch nicht perfekt sind. Dies ist ein Tag der Erledigung lästiger Kleinigkeiten; erstelle eine Liste über deine kleinen „dunklen Ecken", die du gerne aus deinem Leben verbannen möchtest.

Absolut wichtig: Kleine Probleme werden angesprochen, große Probleme haben auf dieser Liste nichts zu suchen.

Fertige auf einem Blatt Papier eine Liste aller Gewohnheiten, Zwänge und selbstzerstörerischen Verhaltensmuster an, die du nicht länger beibehalten willst. Verwandle all diese negativen Einflüsse in ein „Traumbündel", indem du das Papier zusammenknüllst und unter dein Kopfkissen legst. Wenn du das Licht ausschaltest und den Kopf auf das Kissen gebettet hast, bitte darum und danke dafür, von all diesen Dingen befreit zu werden. Und am nächsten Tag wirfst du dann das Traumbündel fort.

Wenn du möchtest, kannst du für einige Minuten noch einmal dieses Problem sein, um gleichzeitig dabei zu wissen, dass es für jedes Problem eine Lösung gibt.

Probleme harmonisieren

Um deine Problemwelt zu beruhigen, halte die Stirnhöcker. Stelle dir dabei dein „Problem" in allen Einzelheiten und sehr negativ vor. Wenn ein tiefer Atemzug kommt, entferne deine Hände. Negativ deshalb, damit dein Selbsterhaltungspotenzial, deine persönliche Urmatrix alles daran setzt, dich in den „Erneuerungsstand" zu heben. Deine Urmatrix möchte für dich immer das optimale und perfekte Leben. Sie möchte dich in Glanz, Schönheit, Gesundheit und Fülle sehen.

Anschließend erklärst du mit der Klopfübung (siehe Kapitel Klopfübung) deine Absicht, und dann sagst du zu dir:

„Universum, ich habe die Absicht, dass sich das … ändert."

Zuerst schickst du alle störenden Elemente mit abweisenden Handbewegungen und den Machtwörtern weg:
„WEG – WEG – WEG", „LÖSCHEN"
und erklärst sie für „UNGÜLTIG".

Anschließend aktivierst du mit einer Matrix-Übung die universelle Heilenergie mit der optimalen Welle zur Transmutation und sagst:
„Aktivieren" – „installieren"
und los geht's.

Affirmation: *„Unendliche Intelligenz, danke, dass du mir hilfst zu verstehen, dass dieses Problem schon für mich gelöst wurde und ich den Lösungsweg gefunden habe."*

Mache diesen Satz zu einem wichtigen Bestandteil in deinem Leben.

Klopfe auch, wenn du magst, diesen Satz in deine Thymusdrüse oder Handkante oder auch in alle sieben Klopfpunkte.

Bleibe weiterhin in Verbindung mit deinen täglichen Ritualen und versprühe auf deine Wünsche und um dich herum die edlen energetischen Öle. Verteile in kleinen Prisen die „Edlen-Erfolgs-Kräuter" in die Schuhe.

15. Erfolgszauber-Tag – Bergfest

Engel fliegen, weil sie das Leben leicht nehmen.

Bleibe weiterhin in Verbindung mit deinen täglichen Ritualen und versprühe auf deine Wünsche und um dich herum die edlen energetischen Öle.

Verteile in kleinen Prisen die „Edlen- Erfolgs-Kräuter" in die Schuhe.

Affirmation: Dreambox, ich freue mich, dass du heute um … reicher geworden bist.

16. Erfolgszauber-Tag – Kerzenritual-Tag

Dies wird heute dein besonderer Tag für ein Kerzenritual.

Schau still in die von dir gewählte farbige brennende Kerze. Wenn du möchtest, kannst du sie vorher noch mit einem besonderen Öl einreiben. Betrachte aufmerksam die flackernde Flamme und konzentriere dich dabei auf dein drittes Auge. Ruhig, gelassen und mit deinem Lieblingsgefühl lässt du das Licht des dritten Auges auf dich wirken. Diese Stille, diese Ruhe hebt dich auf eine wundervolle Bewusstseinsstufe. Lasse die Wunder wirken!

Bleibe weiterhin in Verbindung mit deinen täglichen Ritualen und versprühe auf deine Wünsche und um dich herum die edlen energetischen Öle.

Verteile in kleinen Prisen die „Edlen- Erfolgs-Kräuter" in die Schuhe.

Affirmation: Dreambox, ich freue mich, dass du heute um … reicher geworden bist.

Die Begeisterung ist das tägliche Brot der Jugend. Die Skepsis ist der tägliche Wein des Alters.
Pearl S. Buck

17. Erfolgszauber-Tag – Natur-Tag

*Jeder von uns hat einzigartige Begabungen und Talente.
Sie verbergen sich in dem, was wir lieben.
Um glücklich zu sein, müssen wir das tun, was wir lieben."*

Barbara Sher

Dieser Tag wird zum Natur-Tag erkoren. Es ist ein Tag des Innehaltens, ein Tag der Achtsamkeit, ein Tag, an dem das Fühlen, das Sehen, das Hören, das Riechen, das Schmecken, also die fünf Sinne bewusst genutzt werden.

Beobachte an diesem Tag mindestens für zwanzig Minuten intensiv die Natur. Wenn du möchtest, kannst du Bäume umarmen, an einem kleinen Bach sitzen und dem Plätschern lauschen oder der Bewegung von Blättern im Wind zuschauen, tiefe bewusste Atemzüge in der freien Natur vornehmen und die unterschiedlichen Gerüche wahrnehmen, Steine, Laub, Gras, Erde berühren und vielleicht mal wieder nach Sauerampfer Ausschau halten und probieren. Dieses sind alles nur Vorschläge, gestalte du deinen Naturtag. Stell dir dabei vor, dass die Kraft, die das alles geschaffen hat, auch in dir steckt und dass du diese eine eigene Kraft nutzen kannst.

Affirmation: Danke für die starke Frau in mir.
Danke für den starken Mann in mir.

Klopfe dir dabei anerkennend auf die Schulter. (In jedem Menschen sind beide Polaritäten enthalten und werden gedeutet mit YIN und YANG.)

Rituale:

1. Wiederhole oftmals deine persönliche Affirmation, wenn es geht, vor dem Spiegel: *„Ich bin das Beste, was mir im Leben passiert ist."* Wenn es dir angenehm ist, kannst du danach deine Fingerspitzen sanft mit deinem Mund berühren (küssen).

2. Klopfe abwechselnd dein Handchakra rechts und links mit der Faust und stampfe mit den Füßen fest auf den Boden oder gehe durch den Raum im Dreiviertel-Takt und klopfe und spreche dabei „Urmatrix transmutieren" oder „Ich habe es geschafft" oder „**OHASE** – Optimal Hat Alles Sich Entwickelt" oder „**PHASE** – Perfekt Hat Alles Sich Entwickelt". (Siehe vielleicht noch einmal im Kapitel Klopftechnik nach.)

3. Tagebuch – Schreibe in dein Tagebuch deine besonderen Gefühle, Stimmungen, Erfolge.

4. Gestalte am Abend die Übung mit der Neutralise, um die HHN-Achse zu beruhigen. (Siehe Kapitel Gehirnsysteme.)

5. Danke Gott, danke Göttin, dass du mir ab sofort den Erfolg bringst. (Bei diesen Worten reibst du deine Hände.)

6. Lerne, mehr zu sagen: „Universum, würdest du ..."

7. Versprühe auf deine Wünsche und um dich herum die edlen energetischen Öle. Verteile in kleinen Prisen die „Edlen- Erfolgs-Kräuter" in die Schuhe.

Lasse doch an diesem Tag mal ein kleines selbst gebasteltes Bötchen mit einer Kerze zu Wasser. Begleite dein Boot mit deinen Augen, mit deinen Gedanken. Es ist ein fantastisches Ritual in der Dunkelheit.

Affirmation: Dreambox, ich freue mich, dass du heute um ... reicher geworden bist.

18. Erfolgszauber-Tag – Universums-Tag

Nimm dir nach dem Aufwachen täglich fünf Minuten Zeit und wende gedanklich das Zauberritual an, ohne an irgendwas Besonderes zu denken:

„Guten Morgen, Universum, wenn ich zaubern könnte, welche Schätze, Informationen und Geschenke liegen heute bei dir für mich zur Abholung bereit?"

Anschließend sage:
    „Aktivieren" – „installieren" – „transmutieren".

Danach sagst du:
„Heilenergie vier – Urmatrix mein Schöpfungspotenzial"
    „aktivieren" – „installieren" – „transmutieren" .

Und los geht's.

Die persönliche Energie, die du einsetzt, um ein Ziel zu erreichen, ist das Hindernis auf dem Weg zum Ziel. Das heißt, es ist sinnvoll, keine Vorstellungskraft aufzuwenden, um eine bildhafte Vorstellung vor deinem geistigen Auge entstehen zu lassen. Erzwinge nichts. Sobald du weißt, was du gewählt hast und wofür du dich entschieden hast, lass es los, halte es nicht fest. „ES" einfach geschehen lassen, und „ES" geschieht.
Fühle: „Es" geschieht durch dich.

Affirmation: Dreambox, ich freue mich, dass du heute um ... reicher geworden bist.

Rituale:
    1. Wiederhole oftmals deine persönliche Affirmation, wenn es geht, vor dem Spiegel: *„Ich bin das Beste, was mir im*

Leben passiert ist." Wenn es dir angenehm ist, kannst du danach deine Fingerspitzen sanft mit deinem Mund berühren (küssen).

2. Klopfe abwechselnd dein Handchakra rechts und links mit der Faust und stampfe mit den Füßen fest auf den Boden oder gehe durch den Raum im Dreiviertel-Takt und klopfe und spreche dabei „Urmatrix transmutieren" oder „Ich habe es geschafft" oder **„OHASE** – Optimal Hat Alles Sich Entwickelt" oder **„PHASE** – Perfekt Hat Alles Sich Entwickelt". (Siehe vielleicht noch einmal im Kapitel Klopftechnik nach.)

3. Tagebuch – Schreibe in dein Tagebuch deine besonderen Gefühle, Stimmungen, Erfolge.

4. Gestalte am Abend die Übung mit der Neutralise, um die HHN-Achse zu beruhigen. (Siehe Kapitel Gehirnsysteme.)

5. Danke Gott, danke Göttin, dass du mir ab sofort den Erfolg bringst.

6. Lerne, mehr zu sagen: „Universum, würdest du ..."

7. Versprühe auf deine Wünsche und um dich herum die edlen energetischen Öle. Verteile in kleinen Prisen die „Edlen- Erfolgs-Kräuter" in die Schuhe.

> Ob es besser wird,
> wenn es Anders wird,
> weiß ich nicht,
> dass es aber anders werden
> muss,
> wenn es besser werden soll,
> weiß ich.
>
> Georg Christoph Lichtenberg

19. Erfolgszauber-Tag – Transmutations-Tag

Oh wie schön, heute gibt es einen besonderen Tag für dich. Du wählst dir heute etwas aus, das dir, deinem Wohlgefühl, deiner Energie oder deiner Intuition in irgendeiner Form gut tut. Dabei kannst du das Universum um Hilfe bitten, dir schöne Ideen einzugeben. Diese folgenden Transmutations-Sätze kannst du mit deiner Absicht benennen und auch in die sieben Wunderpunkte einklopfen.

- Ich transmutiere jeden Tag die absolut perfekte „Erfolgs - Dauer - Welle".
- Ich transmutiere den Parkplatz.
- Ich transmutiere für mich und für meine Familie den heutigen Tag zum perfekten Wellentag.
- Ich transmutiere Gesundheit, Wohlergehen, Freude, Glück und jede Menge Endorphine.
- Ich transmutiere das Essen für mich zum höchsten Wohle.
- Ich transmutiere den Arbeitsplatz.
- Ich transmutiere die Autofahrt, den Urlaub etc.
- Ich habe die Absicht und transmutiere, dass ich von diesem Tag an in der optimalen Vollkommenheit und im optimalen Wohlstand meines Lebens bin.

Dazu hole ich die universellen Energien und sage: „Aktivieren" – „installieren" – „transmutieren".
Und los geht's.

Rituale:

1. Wiederhole oftmals deine persönliche Affirmation, wenn es geht, vor dem Spiegel: *„Ich bin das Beste, was mir im Leben passiert ist."* Wenn es dir angenehm ist, kannst du danach deine Fingerspitzen sanft mit deinem Mund berühren (küssen).

2. Klopfe abwechselnd dein Handchakra rechts und links mit der Faust und stampfe mit den Füßen fest auf den Boden oder gehe durch den Raum im Dreiviertel-Takt und klopfe und spreche dabei „Urmatrix transmutieren" oder „Ich habe es geschafft" oder „**OHASE** – Optimal Hat Alles Sich Entwickelt" oder „**PHASE** – Perfekt Hat Alles Sich Entwickelt". (Siehe vielleicht noch einmal im Kapitel Klopftechnik nach.)

3. Tagebuch – Schreibe in dein Tagebuch deine besonderen Gefühle, Stimmungen, Erfolge.

4. Gestalte am Abend die Übung mit der Neutralise, um die HHN-Achse zu beruhigen. (Siehe Kapitel Gehirnsysteme.)

5. Danke Gott, danke Göttin, dass du mir ab sofort den Erfolg bringst.

6. Lerne, mehr zu sagen: „Universum, würdest du …"

7. Versprühe auf deine Wünsche und um dich herum die edlen energetischen Öle. Verteile in kleinen Prisen die „Edlen- Erfolgs-Kräuter" in die Schuhe.

Affirmation: Dreambox, ich freue mich, dass du heute um … reicher geworden bist.

Jeder ist mit einer leisen, inneren Stimme ausgestattet, die zuverlässig sagt, was richtig oder falsch ist.
Allerdings: Wir müssen die Signale richtig deuten und ihnen vertrauen.

20. Erfolgszauber-Tag – Herzöffnungs-Tag

Denk dir ein kleines Ritual für „gute Energien" aus. Fünf Minuten reichen, aber die Zeit darf auch länger sein. Erlaubt ist alles, auch das Universum bitten, jemandem Licht, Kraft und Energie zu senden, der es besonders braucht. (Bitte ganz wichtig: nie in Gedanken die eigene Energie senden, sondern immer das Universum damit beauftragen.)

Wenn Herzen sich öffnen, ist verzeihen möglich.

Öffne dein Herz mit der Herzöffnungs-Matrix-Übung.

1. Suche den ersten Punkt und verankere die rechte oder linke Hand.

2. Absicht formulieren:
„Ich öffne mein Herzzentrum ganz weit auf der Vorder- und Rückseite für:
Liebe, Vertrauen, Glauben, Gnade, Dankbarkeit, Mut, Frieden, Vergebung, Erfolg, Glanz, Ruhm, Macht, Wissen, Neugeburt, Fülle, Wohlstand, Reichtum, Transmutation, göttliche Energie, Entwicklung und für alle Schätze, Geschenke und Informationen, die das Universum für mich bereithält."

3. Hole mit der freien Hand die optimale Welle aus dem Universum. Hast du die Intuition einer Information in der freien Hand, suche jetzt den zweiten Punkt und sage:

„Aktivieren" – „installieren" – „transmutieren".

4. Lasse los (z. B. ausatmen) und sage dann:
„Und los geht's."

Nutze die Gunst der Stunde und schreibe Verzeihungsrituale. Du weißt: Alles im Leben hat einen Sinn. Alle Dramen im Leben haben einen Sinn. Es gibt Menschen, die du wissentlich und unwissentlich enttäuscht, beleidigst, denen du wehgetan, die du verletzt hast. Bewerte nicht. Sage JA zu deiner Vergangenheit und benutze die Verzeihungsübung. Immer und immer wieder. Du kannst dir auch selbst verzeihen, indem du dein kleines ICH um Verzeihung bittest. Es sind sehr starke und intensive Übungen mit unglaublicher Energie. Benutze dafür eine ruhige Stunde und nimm dir Zeit. (Siehe im Anhang das Verzeihungsritual.)

Bleibe weiterhin in Verbindung mit deinen täglichen Ritualen und versprühe auf deine Wünsche und um dich herum die edlen energetischen Öle. Verteile in kleinen Prisen die „Edlen-Erfolgs-Kräuter" in die Schuhe.

Affirmation: Dreambox, ich freue mich, dass du heute um … reicher geworden bist.

Wäre doch gelacht, wenn das Leben nichts zum Lachen bietet. Humor ist die Lust zu lachen, selbst wenn einem zum Heulen zumute ist.
Werner Fink

21. Erfolgszauber-Tag – Selbstliebe-Tag

Leben ist Bewegung.
Bewegung ist Veränderung.
Nur wer bereit ist, sich zu verändern, wird etwas bewegen.
Flexibilität bestimmt die Zukunft.

Suche dir ein Gefühl aus, das du gerne mit deinem großen Wunsch erleben möchtest. Dann setze dich ruhig hin und halte nach einem Gefühl in dir – es können auch mehrere sein – Ausschau.

Beispiele für Gefühle: Freude, Liebe, Mut, Dankbarkeit, Frieden, Sinnlichkeit, Lachen, Zärtlichkeit, Geduld, Mitgefühl, Erfolg, Geduld, Integrität, Demut, Gerechtigkeit, Selbstvertrauen, Weisheit.

Beobachte es einfach nur, egal wie klein und schwach es im Moment auch sein mag. Anschließend gibst du diesem Gefühl ein Bild, ein Symbol und lässt es mit einer wunderbaren Matrix-Übung einfließen.

Übung: „Selbstliebe"
1. Suche den ersten Punkt.

2. Stelle dir ein Symbol für Selbstliebe vor – so zum Beispiel:
   a) ein Herz
   b) einen Spiegel
   c) Liebeselixier – Liebesperlen, die sich wie Wasser aus dem Duschkopf über deinen Körper ausschütten
   d) eine Blume
   e) dein persönliches Symbol

3. Such dir einen zweiten Punkt und sage:
   „Aktivieren" – „installieren" – „transmutieren".
4. Mit deinem Ausatmen lässt du los und sagst:
   „Und los geht's."

Da alles in allem enthalten ist und wir die Anlage zu jedem Gefühl jederzeit in uns tragen, ist auch jederzeit ein Rest von jedem Gefühl in uns vorhanden. Wenn du also gerade sehr gestresst bist, dann gibt es trotzdem noch irgendwo einen winzigen Rest des Gefühls von Ruhe in dir. Halte in der Stille Ausschau nach diesem Restgefühl von Ruhe, und beobachte es einfach nur so intensiv wie möglich.

Bleibe weiterhin in Verbindung mit deinen täglichen Ritualen und versprühe auf deine Wünsche und um dich herum die edlen energetischen Öle.

Verteile in kleinen Prisen die „Edlen- Erfolgs-Kräuter" in die Schuhe.

Affirmation: Dreambox, ich freue mich, dass du heute um … reicher geworden bist.

22. Erfolgszauber-Tag – Freizeit- und Spieltag

Dieser Tag ist ein Freizeit- und Spielzeit-Tag. Also spiele und sei frei! Erinnere dich doch einmal, was als Kind dein Lieblingsspiel war, und probiere es wieder einmal aus. Oder tue irgendetwas, das kein Ziel verfolgt, keine Eile hat und sich nicht lohnen muss. Nimm diese Übung ernst und mache sie wirklich. Sie ist eine gute Herausforderung und verlangt den Steuermann in dir.

Versprühe auf deine Wünsche und um dich herum die edlen energetischen Öle. Verteile in kleinen Prisen die „Edlen-Erfolgs-Kräuter" in die Schuhe.

Nimm dir Zeit	zum Arbeiten,	das ist der Preis für den Erfolg.
………	zum Spielen,	das ist die Freiheit der Jugend.
………	zum Nachdenken,	das ist die Quelle der Kraft.
………	zum Entdecken,	das ist das Fundament des Wissens.
……….	zum Meditieren,	nirgends kannst du weiter sehen als in deinem Geist.
………	für deine Freunde,	das ist die Quelle des Glücks.
………	zum Lieben,	das ist der wahre Reichtum des Lebens.
………	zum Träumen,	das zieht die Seele zu den Sternen hinauf.
………	zum Lachen,	das ist Musik für die Seele.
………	zum Planen,	denn dann hast du Zeit für die anderen Dinge in deinem Leben.

23. Erfolgszauber-Tag – Carpe-diem-Tag
Carpe diem, nutze den Tag.

Ich möchte dir noch etwas sehr Positives und Persönliches mit auf den Weg geben. Vergiss neben all diesen wunderschönen Zaubereien und Affirmationen nicht den Menschen, der für dich das Wichtigste im Leben darstellt. Das bist nämlich du selbst. Du bist der Sterntaler. Einmal einen Tag für dich, einen Tag der persönlichen Lebensfreude.

Lade auch die Engel für diesen Tag als deine imaginären Begleiter ein, um dich bei all deinen Erfüllungen zu begleiten. Vielleicht kaufst du dir einen Blumenstrauß, gehst schwimmen, machst eine Wanderung, kaufst dir etwas Schönes, leistet dir ein Essen in einem Restaurant oder ..., und immer ist ein Engel an deiner Seite. Dieser **Tag der Lebensfreude** ist keine Marotte, er ist sehr wichtig. Wichtig für die Seele.

„Carpe diem" sagten die alten Griechen, Römer und nutzten den Tag. Verschwende ihn nicht, lass ihn nicht in Frust untergehen, lass ihn nicht in einer grauen Wolke mit vielen anderen Tagen verschwinden, sondern gestalte ihn für dich. Mach was daraus, ohne Schuldgefühle. Und das nicht nur heute und morgen, sondern auch übermorgen und überhaupt. Denn dieser Tag ist der erste Tag vom Rest deines Lebens. Freue dich an der Gegenwart.

Kleine Kerzenrituale, die Schatzkarte, das Flying Spiel kannst du jederzeit und immer wieder einfügen.
Bleibe weiterhin in Verbindung mit deinen täglichen Ritualen und versprühe auf deine Wünsche und um dich herum die edlen energetischen Öle. Verteile in kleinen Prisen die „Edlen-Erfolgs-Kräuter" in die Schuhe.

Heute ist der erste Tag vom Rest deines Lebens.

Die Wünschelrute
von
Josef von Eichendorf

Schläft ein Lied in allen Dingen,
die da träumen fort und fort,
Und die Welt fängt an zu singen,
Triffst du nur das
Zauberwort.

24. Erfolgszauber-Tag – Engel-Tag

Heute ist ein Engel-Luftballon-Tag. Lasse den Ballon gegen Abend in die Lüfte steigen. Begleite ihn mit dem Engel-Ritual.

„Ihr Engel der Liebe und des Lichts, legt einen Schutzmantel um mich!"

Sage einfach nur: *„Ich transmutiere jetzt für mich und für meine Familie einen Schutzmantel der Liebe und des Lichts zum höchsten Wohle."*

Ich wünsche dir Glück,
deinem Herzen Liebe,
deiner Seele Höhenflüge,
deinem Leben den besten Weg,
deinem Denken Weisheit und
deinem Handeln Mut.
Und ich wünsche dir Zeit,
denn sie ist der Atem der Freiheit

Mit leichten Flügeln
trägt das Glück
die Freude in dein Leben.

Bleibe weiterhin in Verbindung mit deinen täglichen Ritualen und versprühe auf deine Wünsche und um dich herum die edlen energetischen Öle.

Verteile in kleinen Prisen die „Edlen- Erfolgs-Kräuter" in die Schuhe.

Affirmation: Dreambox, ich freue mich, dass du heute um … reicher geworden bist.

Das Leben ist entweder ein aufregendes Abenteuer oder nichts.

Gestaltgebet
Ich tue, was ich tu.
Und Du tust, was Du tust.
Ich bin nicht auf dieser Welt,
um nach Deinen
Erwartungen zu leben.
Und Du bist nicht auf dieser Welt,
um nach meinen zu leben.
Du bist Du, und ich bin ich.
Und wenn wir uns zufällig finden –
Wunderbar
Wenn nicht, kann man nichts machen.

25. Erfolgszauber-Tag – Lichtsäulen-Tag

Die magische Lichtsäule

Für einen Zauber aktiviere heute - um deinen Kraftplatz - eine magische Lichtsäule. Ziehe gedanklich um deinen Körper einen Kreis. Diesen verankere tief ins Erdinnere und ziehe ihn dann hoch bis ins Universum. So kannst du besser und intensiver die Hilfe des Universums in Anspruch nehmen. Du sitzt oder stehst in dieser Lichtsäule. Zusätzlich lasse farbiges Licht oder die Farben des Regenbogens in die Lichtsäule einströmen. So aktiviere dann mit der Matrix-Absicht das kosmische ultraviolette Licht und hole die Informationen, die Schätze und Geschenke des Universums ab.

Eine schöne Übung ist es auch, wenn du deinen Wunsch imaginär auf die Hand legst und anschließend kräftig - oder zart und sanft - über die Hand pustest, sodass der Wunsch hoch ins Universum fliegt.

Du kannst auch visionieren, dass vom Universum ein goldener Korb herabgelassen wird, in den du dann deinen Wunsch legst. Engel können dich begleiten. Liebliche Musik kann erklingen. Liebevolle gedankliche meditative Träume dich verzücken, und wenn du noch zusätzlich in die zarte Flamme einer Kerze schaust, dich dabei auf dein drittes Auge konzentrierst, entsteht eine intensive Verbindung zu deiner Seele.

Bleibe weiterhin in Verbindung mit deinen täglichen Ritualen und versprühe auf deine Wünsche und um dich herum die edlen energetischen Öle.

Verteile in kleinen Prisen die „Edlen- Erfolgs-Kräuter" in die Schuhe.

Hast du schon Ausschau nach deinem größten Wunsch gehalten?

Sind vielleicht schon kleine Wünsche in Erfüllung gegangen?

Ich bin sehr stolz auf dich.

Es sind, von heute an, nur noch sechs Tage zum Count-down.

Der Mensch, der den Berg versetzte, war derselbe, der anfing, kleine Steine wegzutragen.

Altes chinesisches Sprichwort

Wie hoch ist der Berg, den du gerne versetzen möchtest? Und mit welchen kleinen Steinen kannst du heute schon anfangen?

Schließe für 10 Sekunden die Augen. Eine Möglichkeit, um nachzudenken und nachzuspüren. JETZT!

26. Erfolgszauber-Tag – Lästige Kleinigkeiten

Überlege dir heute, welche Kleinigkeiten in deinem Leben noch nicht perfekt sind. Mache diesen Tag zum Tag der Erledigung lästiger Kleinigkeiten. Erstelle eine Liste, über deine kleinen „dunklen Ecken", die du gerne aus deinem Leben verbannen möchtest.

Absolut wichtig: Kleine Probleme werden angesprochen, große Probleme haben auf dieser Liste nichts zu suchen.

Fertige auf einem Papier eine Liste aller Gewohnheiten, Zwänge und selbstzerstörerischen Verhaltensmuster an, die du nicht länger beibehalten willst. Verwandle all diese negativen Einflüsse in ein „Traumbündel", indem du das Papier zusammenknüllst und unter dein Kopfkissen legst. Wenn du das Licht ausschaltest und den Kopf auf das Kissen gebettet hast, bitte und danke darum, von all diesen Dingen befreit zu werden. Und am nächsten Tag wirfst du dann das Traumbündel fort.

Wenn du möchtest, kannst du für einige Minuten noch einmal dieses Problem sein, um gleichzeitig dabei zu wissen, dass es für jedes Problem eine Lösung gibt.

Anschließend erklärst du mit der Klopfübung (siehe Kapitel Klopfübung) deine Absicht und sagst dann zu dir:

„Universum, ich habe die Absicht, dass sich das ... ändert."

Zuerst schickst du alle störenden Elemente mit abweisenden Handbewegungen und den Machtwörtern

„WEG – WEG – WEG" – „LÖSCHEN" ins Nirwana und erklärst sie für

„UNGÜLTIG".

Anschließend holst du mit einer Matrix-Übung die universelle Heilenergie zur Transformation/Transmutation und sagst:

„Aktivieren" – „installieren" – transmutieren
und los geht's.

Affirmation: *Unendliche Intelligenz,, danke, dass du mir hilfst zu verstehen, dass dieses Problem schon für mich gelöst wurde und ich den Lösungsweg gefunden habe.*

Klopfe auch, wenn du magst, diesen Satz in deine Thymusdrüse oder Handkante oder auch in alle sieben Klopfpunkte.

Mache diesen Satz zu einem wichtigen Bestandteil in deinem Leben.

Bleibe weiterhin in Verbindung mit deinen täglichen Ritualen und versprühe auf deine Wünsche und um dich herum die edlen energetischen Öle.
Verteile auch in kleinen Prisen die „Edlen-Erfolgs-Kräuter" in die Schuhe.

Affirmation: Dreambox, ich freue mich, dass du heute um ... reicher geworden bist.

Es ist nicht genug zu wissen,

Man muss es auch anwenden,

Es ist nicht genug zu wollen,

man muss es auch

tun.

Goethe

27. Erfolgszauber-Tag – Natur-Tag

> Wir sind nicht nur
> verantwortlich für
> das, was wir tun –
> sondern
> auch für das, was wir nicht tun.
>
> *Laotse*

„Ich bin die Energie, die mich erfüllt."

Dieser Tag wird zum Natur-Tag erkoren. Es ist ein Tag des Innehaltens, ein Tag der Achtsamkeit, ein Tag, an dem das Fühlen, das Sehen, das Hören, das Riechen, das Schmecken, also die fünf Sinne bewusst genutzt werden.

Beobachte an diesem Tag mindestens für zwanzig Minuten intensiv die Natur. Wenn du möchtest, kannst du Bäume umarmen, an einem kleinen Bach sitzen und dem Plätschern lauschen oder der Bewegung von Blättern im Wind zuschauen, tiefe bewusste Atemzüge in der freien Natur vornehmen und die unterschiedlichen Gerüche wahrnehmen, Steine, Laub, Gras, Erde berühren und vielleicht mal wieder nach Sauerampfer Ausschau halten und probieren. Dieses sind alles nur Vorschläge, gestalte du deinen Naturtag. Stell dir dabei vor, dass die Kraft, die das alles geschaffen hat, auch in dir steckt und dass du diese eigene Kraft nutzen kannst.

Affirmation: Danke für die starke Frau in mir.
Danke für den starken Mann in mir.

Klopfe dir dabei anerkennend auf die Schulter.
(In jedem Menschen sind beide Polaritäten enthalten und werden gedeutet mit Yin und Yang.)

Rituale:

1. Wiederhole oftmals deine persönliche Affirmation, wenn es geht, vor dem Spiegel: *„Ich bin das Beste, was mir im Leben passiert ist."* Wenn es dir angenehm ist, kannst du danach deine Fingerspitzen sanft mit deinem Mund berühren (küssen).
2. Klopfe abwechselnd dein Handchakra rechts und links mit der Faust und stampfe mit den Füßen fest auf den Boden oder gehe durch den Raum im Dreiviertel-Takt und klopfe und spreche dabei „Urmatrix transmutieren" oder „Ich habe es geschafft" oder „**OHASE** – Optimal Hat Alles Sich Entwickelt" oder „**PHASE –** Perfekt Hat Alles Sich Entwickelt". (Siehe vielleicht noch einmal im Kapitel Klopftechnik nach.)
3. Tagebuch – Schreibe in dein Tagebuch deine besonderen Gefühle, Stimmungen, Erfolge.
4. Gestalte am Abend die Übung mit der Neutralise, um die HHN-Achse zu beruhigen. (Siehe Kapitel Gehirnsysteme.)
5. Danke Gott, danke Göttin, dass du mir ab sofort den Erfolg bringst.
6. Lerne, mehr zu sagen: „Universum, würdest du ..."
7. Versprühe auf deine Wünsche und um dich herum die edlen energetischen Öle.

Verteile in kleinen Prisen die „Edlen- Erfolgs-Kräuter" in die Schuhe.

Affirmation: Dreambox, ich freue mich, dass du heute um ... reicher geworden bist.

Lasse doch an diesem Tag mal ein kleines selbst gebasteltes Bötchen mit einer Kerze zu Wasser. Begleite dein Boot mit deinen Augen, mit deinen Gedanken. Es ist ein fantastisches Ritual in der Dunkelheit.

28. Erfolgszauber-Tag – Dankbarkeits-Tag

Dankbarkeit ist der Sport des Lebens.

Das Zauberwort mit Doppel-tt heißt nicht flott, sondern bitte.

Die Dankbarkeitsdiät
Dankbarkeit ist einer der höchsten Gefühlszustände, die wir erfahren können. **Danke**, ein kleines Wort mit einer riesengroßen Bedeutung. Dankbarkeit drückt einen Seelenzustand aus. Ein Seelenzustand, der positiv besetzt ist und mich von Frustration, Ungeduld, „Ja aber"-Sätzen, Schuld, Ablehnung, Ärger und all die anderen Emotionen und Überzeugungen wegzieht, hinüber in ein energetisches Körper-Gleichgewicht, in die seelische Balance meines Lebens und damit verbunden in die positive Gefühlswelt von Körper, Geist und Seele. Für etwas dankbar sein heißt: „Ich lasse die negativen und unerfreulichen Dinge in meinem Leben außen vor und konzentriere mich auf alle Segnungen des Lebens und erkenne sie dankbar an."

So kannst du täglich zehn Dinge aufschreiben, für die du dankbar bist, und diese dann klopfen. Deine persönliche Stimmung, deine Denkweise wird einen gewaltigen Wandel durchmachen, und das Energiesystem deines Körpers wird es dir danken.

Wie gesagt, du kannst selbst Dankbarkeitsaffirmationen aufschreiben oder aber nimm zuerst meine Affirmationen zum Klopfen in die sieben Erfolgspunkte.

- Ich bin dankbar für meine Freiheit.
- Ich bin dankbar dafür, dass ich meine Art zu fühlen verändern/wandeln kann.
- Ich bin dankbar für all die Segnungen, die ich empfangen habe.
- Ich bin dankbar für mein Leben.
- Ich bin dankbar für die Möglichkeiten, mich zu ändern.
- Ich bin dankbar für meine Kraft und Stärke.
- Ich bin dankbar für die innere Führung, und ich nehme Überfluss jetzt an.
- Ich bin dankbar, dass ich mehr und mehr mit meiner Urmatrix verbunden bin.
- Ich bin dankbar, dass ich nicht alleine bin.
- Ich bin dankbar für die, die ich liebe.
- Ich bin dankbar für diesen wundervollen Planeten und all den Reichtum, den er mir bietet.

Bleibe weiterhin in Verbindung mit deinen täglichen Ritualen und versprühe auf deine Wünsche und um dich herum die edlen energetischen Öle.

Verteile in kleinen Prisen die „Edlen- Erfolgs-Kräuter" in die Schuhe.

Affirmation: Dreambox, ich freue mich, dass du heute um ... reicher geworden bist.

29. Erfolgszauber-Tag – Herzöffnungs-Tag

Denk dir ein kleines Ritual für „gute Energien" aus. Fünf Minuten reichen, aber die Zeit darf auch länger sein. Erlaubt ist alles, auch das Universum bitten, jemandem Licht, Kraft und Energie zu senden, der es besonders braucht. (Bitte ganz wichtig: nie in Gedanken die eigene Energie senden, sondern immer das Universum damit beauftragen.)

Wenn Herzen sich öffnen, ist verzeihen möglich.

Öffne dein Herz mit der Herzöffnungs-Matrix-Übung.

1. Suche den ersten Punkt und verankere die rechte oder linke Hand.
2. Absicht formulieren:

„Ich öffne mein Herzzentrum ganz weit auf der Vorder- und Rückseite für:
Liebe, Vertrauen, Glauben, Gnade, Dankbarkeit, Mut, Frieden, Vergebung, Erfolg, Glanz, Ruhm, Macht, Wissen, Neugeburt, Fülle, Wohlstand, Reichtum, Transmutation, göttliche Energie, Entwicklung und für alle Schätze, Geschenke und Informationen, die das Universum für mich bereithält."

3. Hole mit der freien Hand die Welle aus dem Universum. Hast du die Intuition einer Information in der freien Hand, suche jetzt den zweiten Punkt und sage:

„Aktivieren" – „installieren" – „transmutieren".

4. Lasse los (z. B. ausatmen) und dann sage: „Und los geht's."

Nutze die Gunst der Stunde und schreibe Verzeihungsrituale. Du weißt: Alles im Leben hat einen Sinn. Alle Dramen im Leben haben einen Sinn. Es gibt Menschen, die du wissentlich und unwissentlich enttäuscht, beleidigt, denen du wehgetan, die du verletzt hast. Bewerte nicht. Sage JA zu deiner Vergangenheit und benutze die Verzeihungsübung. Immer und immer wieder. Du kannst dir auch selbst verzeihen, indem du dein kleines ICH um Verzeihung bittest. Es sind sehr starke und intensive Übungen mit unglaublicher Energie. Benutze dafür eine ruhige Stunde und nimm dir Zeit.

Bleibe weiterhin in Verbindung mit deinen täglichen Ritualen und versprühe auf deine Wünsche und um dich herum die edlen energetischen Öle.

Verteile in kleinen Prisen die „Edlen- Erfolgs-Kräuter" in die Schuhe.

Affirmation: Dreambox, ich freue mich, dass du heute um … reicher geworden bist.

Lernen ist wie Schwimmen gegen den Strom,
Sobald man aufhört, treibt man zurück.

30. Erfolgszauber-Tag

 **Herzlichen Glückwunsch!**

Begrüße freudig diesen Tag. Heute ist dein besonderer Tag. Wünsche sind vielleicht in Erfüllung gegangen, große Wünsche sind auf dem Weg zu dir, und heute feierst du dein Fest der Freude.

Danke deinem Körper, deiner Seele, deinem Geist, dem Universum, der unendlichen Intelligenz und den vielen positiven geistigen Helfern.

> Wenn du handelst, kannst du versagen.
> Wenn du rennst, kannst du hinfallen.
> Wenn du lebst, kannst du umkommen.
> Wenn du zauberst, erlebst du die
> großen Wunder des Lebens.

Ich bin stolz auf dich.

Das Lied der Knospe
Zart bricht auf die Knospe
Und wendet sich zum Licht
Empfangend, entfaltend,
spiegelnd in farbenprächtiger
Präsenz.
Still singt sie
Ihr Lied der Hingabe
„Empfange und entfalte,
Spiegle das, was ist.
Jede Farbe ist glanzvolle Schönheit"

Es gibt zwei hohe Ziele im Leben: erstens, das zu bekommen, was man wünscht. Und zweitens, es zu genießen. Nur dem Klügsten gelingt Letzteres.

Logan P. Smith

Schlussbetrachtung

Nun sind **dreißig Erfolgszauber-Tage** vergangen. Herzlichen Glückwunsch!

Aufhören – was denkst DU? Ich würde mich auf jeden Fall freuen, wenn ein Nein die Antwort wäre. Könnte es vielleicht sein, dass dein Leben anfängt, jetzt richtig interessant zu werden? Also mache weiter und wachse weiter. Arbeite weiter an deinem Werden. Und entscheide weiter, was du in der nächsthöheren Version deines Selbst wählen möchtest. Arbeite beständig darauf hin und lasse dich durch nichts davon abbringen. Geduld ist wie ein Rosenstrauß.

Sei – wer – du – wirklich – bist –
ist die größte Herausforderung in dem Leben.

Gehe den Herausforderungen des Lebens nicht aus dem Weg. Heiße sie dankbar willkommen. Nehme sie als großartiges Geschenk deiner Lebensaufgabe an und frage dich: „Worauf bin ich aus? Was ist mein Lebensziel. Was ist mein schönster Traum?" Doch manchmal bleibt diese Frage ein Rätsel und im Raum stehen, und folgende Worte blitzen in der Gedankenwelt auf:

„Was IST denn wirklich das „Beste" – „das Optimalste" für mich?"

Das bist doch immer du selbst. Konzentriere und begründe dich jetzt und für immer auf das Selbst, dein Selbst.

Deine neue gedankliche Aufgabe ist:
- Ich sehe mich in jedem Moment an, was ich bin, tue und habe, und nicht was beim anderen stattfindet.
- Ich wähle immer wieder neu, verzichte jedoch auf das Habenwollen.
- Ich danke für alles im Voraus und lebe ein Leben ohne Erwartungen – ohne Bedürfnisse nach bestimmten Resultaten. Das ist meine Freiheit, mein Glück, mein Reichtum, mein Erfolg.
- Ich wähle stattdessen die Leidenschaft, denn Leidenschaft ist das Feuer der Liebe, Leidenschaft ist eine Liebe zum Tun. Tun ist erfahrendes Sein. Von nun ab entscheidet mein Sein über mein Leben, denn nun weiß ich, das Glücklichsein, Zufriedensein, mein Leben verändert.
- Ich habe und ich bin. Danke

Die Weichen für dein neues Leben sind gestellt. Vor dir liegen neue Möglichkeiten, die deinem Leben mehr Weite geben. Erhalte du dir die Offenheit, die Experimentierfreudigkeit, die du in den vergangenen Tagen und Wochen gespürt hast. Bleibe in Verbindung – kleine Zauberin, kleiner Zauberer – mit deinen Ritualen und sei offen für die Entwicklung.

Ich kenne Leute, die in fremde Länder fahren, um dort vielleicht die schönste Zeit ihres Lebens zu verbringen. Sie verlieren sich im Lauf ihrer Reise und werden kurzfristig zu anderen Menschen. Sie denken anders, sie genießen anders, verändern den Tagesablauf, sie essen anders, reden mit interessanten Fremden und verlieben sich sogar in einen von ihnen. Doch in Wahrheit sind sie nicht in die andere Welt verliebt, sondern in den neuen Menschen, in den sie sich selbst verwandelt haben. Und fast alle denken nahezu identisch: „Könnte es doch Zuhause immer so sein. Ich fühle hier mein wahres ICH." Und wenn sie wieder nach Hause zurückkehren, ist es, als ob plötzlich in ihrem Inneren ein Hebel umgelegt worden ist. Mit einem Mal werden die Offenheit, das Interesse für das Fremde und die Experimentierfreudigkeit ausgeschaltet, und schon nach einigen Tagen sind und fühlen diese Menschen wieder genauso wie vor ihrer Reise.

Möglicherweise hast du jetzt auch Bedenken, dass es dir ähnlich gehen könnte, dass nach diesen wundervollen Zaubertagen dein innerer Hebel umgelegt wird und alles wieder so ist wie vorher. Wenn du das tatsächlich fürchtest wieder aufzugeben, solltest du dir klarmachen, dass die Entscheidung darüber einzig und alleine bei dir liegt.

Noch einmal: Was du fürchtest, ziehst du an!

> Es gibt mehr Leute,
> die kapitulieren,
> als solche, die scheitern.
> *Henry Ford*

Die Zukunft liegt in deiner Hand.
Mache du das Beste daraus.

Anhang
Kinesiologischer Test
Es gibt drei Testverfahren: 1. der Fingertest
   2. der O-Ringtest
   3. der Ganzkörperpendeltest

Der Fingertest Lege die Fingerspitze deines Mittelfingers gleich hinter den Fingernagel des Zeigefingers derselben Hand auf das erste Fingergelenk. 1. Sage einmal laut: „Ich heiße … (dein Name)!" und versuche gleich anschließend den ausgestreckten Zeigefinger (erzeuge mit diesem einen Gegendruck) mit deinem Mittelfinger herunterzudrücken. 2. Wie 1, nur mit der Aussage: „Ich heiße … (ein falscher Name)!" Vielleicht ist es nun leichter, den Zeigefinger herunterzudrücken? Wenn du einen klaren Unterschied bemerkst (1. stark, 2. schwach), so scheint dieser Test für dich zu funktionieren.	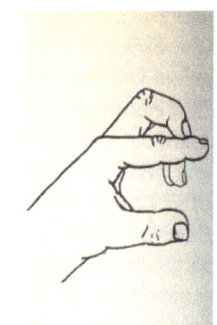
Der O-Ringtest Dies ist wohl der einfachste kinesiologische Selbsttest. Bringe hierzu die Fingerspitzen von Daumen und Zeigefinger der gleichen Hand so zusammen, dass sie ein O bilden. Das Testverfahren ist genauso wie beim Fingertest.	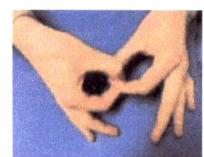

Der Ganzkörperpendeltest

1. Stelle dich aufrecht hin, die Füße hüftbreit auseinander und die Knie leicht gebeugt.
2. Lege nun die rechte Hand mit einem kleinen Abstand auf deine Nabelgegend (dient der Erdung) und atme normal.
3. Lege mental deinen Namen in die linke Hand. Anschließend legst du die linke Hand auf die Hand in der Nabelgegend.
4. Schließe die Augen und achte auf die Reaktion deines Körpers. Hat er die Tendenz, nach vorne zu „fallen", nach hinten oder nach rechts oder links? Die entsprechende Richtung ist für dich nun das Äquivalent zu einem starken Muskel und bedeutet JA.

PS. Es ist natürlich auch möglich die Hände in umgekehrter Reihenfolge – also erst links dann rechts - auf die Nabelgegend zu legen.

Diese Übung ist auch sehr spannend, wenn du sie für ungewöhnliche Fragen oder für alltägliche Situationen einsetzt. Ich habe damit über zwanzig Jahre Erfahrung und sage nur – wunderbar.

Die gestellte Fragen lautet: Ist das für mich ... (Kleidung, Reise, Mann, Frau, Buch, alles, was du dir denkst und fragen möchtest) **polar**?

Die Frage nach POLAR ist neutral. Also kein gut oder kein schlecht, einfach und schlicht polar.

Polar positiv - also **JA**

Vergebungs- und Verzeihungsritual

Du faltest ein großes Blatt Papier in zwei Hälften. Dann schreibst du zehnmal auf der linken Seite deine Verzeihungsübungen, ohne abzusetzen, ohne große Überlegung.

Liebe/r .... bitte verzeih mir mein unmögliches intolerantes Verhalten dir gegenüber. Ich lasse dich los. Ich gebe dich frei. Ich hole nun für dich den universellen Frieden und die Liebe. In Wahrheit.

Die rechte Seite wird mit deinen aufkommenden Gedanken beschrieben, ohne Wertung. Einfach die Informationen niederschreiben, die in deinen Kopf kommen.

Nach dem Ritual kannst du entweder das Papier verbrennen, durch einen Reißwolf vernichten oder auch auf einen besonderen Platz mit deiner Neutralise legen.

Wichtig: Sage den Satz drei- bis sechsmal und halte dabei deine Hände über deine geschriebenen Vergebungs- und Verzeihungssätze.

„Negativer Raum, negative Zeit, gehe dahin zurück, wo du hergekommen bist.
WEG – LÖSCHEN - PARALLELUNIVERSUM".

Mit Liebe/Lieber brauchst du keinen Namen zu nennen. Du kannst auch schreiben:
Lieber Widersacher, liebe Denkblockade, liebe kleine ..., liebe Kindheit, liebes emotionales Gehirn, liebes Universum, lieber Gott usw.,

der Kreativität sind auch hier keine Grenzen gesetzt.

Zusätzlich ist es auch möglich, das Universum um Verzeihung zu bitten. Warum? Manchmal haben wir vergessen, dem Universum zu danken oder ihm zu Ehren ein Fest zu veranstalten. Du schreibst in etwa folgenden Wortlaut:

„Liebes Universum, bitte verzeihe mir mein unmögliches intolerantes Verhalten dir gegenüber. Ich stehe in deiner Schuld. Ich habe all die Geschenke, die Schätze ignorant in die Tasche gesteckt. Bitte vergib mir in Frieden und Liebe. Danke."

Eine neue Lebensgeschichte
Nimm einen Bleistift und ein Blatt Papier. Schreibe ein Märchen von einer DIN-A4-Seite. Beginne mit den Worten: „Es war einmal ... ."

In dieser Geschichte sollten eine Prinzessin oder ein Prinz, ein Krieger und ein Drache vorkommen. Du darfst selbstverständlich weitere Charaktere und Abenteurer einflechten, was die Geschichte vielleicht vielschichtiger macht.

Mache dich in dieser Geschichte zu einer Heldin, die sich auf die Suche nach Kraft, Mut, Stärke, Selbstbewusstsein begibt.

Beispiel: „Es war einmal eine junge mutige Prinzessin, die von ihrem Vater den Auftrag bekam, einen Drachen, der das Königreich mit seinem feuerspeienden Atem in Angst und Schrecken hielt, zu töten. Voller Selbstvertrauen machte sie sich auf den Weg …"

Schlusssatz: „Und wenn sie nicht gestorben sind, dann leben sie noch heute."

Mit deiner neuen visionären Lebensgeschichte eröffnet dir der präfrontale Kortex ein neues neurales Netz für Freude, inneren Frieden und entwickelt eine Kraft der Erleuchtung.

Meine Zauberlehrlinge und ich haben neue Geschichten geschrieben und sie uns gegenseitig vorgelesen. Denn gerade dann, wenn du die neu geschriebene Geschichte vorliest, verankert sie sich in deinem emotionalen Gehirn. Ist das nicht spannend?

Das genetische Schicksal verändern
Die moderne Physik weiß, seit Albert Einstein und Nathan Rosen 1935 den Hyperraum entdeckt haben, dass Wechselwirkungen über die Grenzen von Raum und Zeit möglich sind. Diese Theorie kann in die Praxis umgesetzt werden, um den genetischen Biocomputer zu programmieren und um Gene aus dem Pool der Gesundheit und Langlebigkeit auszuwählen.

Stelle dir vor, du könntest die Zeit bis zum Augenblick deiner Empfängnis zurückdrehen und dir die biologischen Eigenschaften aussuchen, die du gerne von deiner Mutter und deinem Vater geerbt hättest

Im Augenblick der Empfängnis erhältst du deine gesamte genetische Ausstattung, also jeweils die Hälfte vom genetischen Code deiner Eltern, mit allen Informationen aus den verschiedensten Generationen. Obwohl von jedem Elternteil fünfzig Prozent deines Erbgutes stammen – deines Genotyps - bringst du nur einen Teil dieser Eigenschaften zum Ausdruck - deinen Phänotyp.

Doch damit ist die Geschichte noch lange nicht zu Ende. Selbst wenn du die Veranlagung zu einem gesunden Körper in deiner DNA trägst, können sich deine Überzeugungen, dein Trauma, deine Ernährung und deine Lebensführung auf die ererbten Risikofaktoren auswirken.

Welche Möglichkeiten hast du also?

Ist es nicht spannend, wenn du die Genexpression – deine genetische Information – verändern könntest?

Ich kenne die positiven und negativen Eigenschaften deiner Eltern nicht, also entscheidest du, welche Persönlichkeitsmerkmale entfernt und welche dafür stärker ausgeprägt werden sollen. Oder aber auch, du entscheidest dich für etwas Neues. Aus den Matrix-Techniken kenne ich eine wunderbare Meditation – die Zeitreise. Diese Meditation begleitet dich von deinem Jetztzustand bis zu deiner Empfängnis.

Du kannst ein meditatives und heiliges Gefühl in diesen Moment mit einbringen, in dem sich deine Gene aus einem neuen Pool verbinden. In dieser Übung kannst du deinen Eltern vergeben, und auch ihnen ihre Verfehlungen verzeihen, deren sie sich deiner Ansicht nach schuldig gemacht haben, und allen Schmerz, den sie dir möglicherweise zugefügt haben.

Nimm für dich einen bequemen Platz und Sitz ein. Gehe mit deinen Gedanken durch deinen Körper, löse Verspannungen, lasse eine tiefe Ruhe einfließen. Atme dabei tief ein und aus und, wenn du möchtest, schließe deine Augen. Konzentriere dich bewusst auf deinen Atem, lasse die Gedanken mehr und mehr los. So wirst du ruhiger und ruhiger und kannst tiefer und tiefer atmen, sodass du mit jedem Atemzug tiefer und tiefer sinkst, in einen angenehmen Zustand der Entspannung. Fühle die wohlige Temperatur in deinem Körper, spüre das angenehme Gefühl von Schwere oder Schwerelosigkeit, wie leicht dein Körper getragen wird und wie angenehm es ist loszulassen. Fühle den Raum, wo Vergangenheit, Gegenwart und Zukunft sich vermischen. Ja, so ist es gut. Und nun bist du bald in deiner Innenwelt. Vielleicht noch ein paar Atemzüge. Und dann öffnet sich die Schranke zu deinen inneren Gefilden. Die Zeitreise in die Vergangenheit beginnt. Stell dir nun vor, wie die Ereignisse deines Lebens sich vor deinem geistigen Auge ausbreiten.

Was war letztes Jahr?
Was war im Jahr davor?
Wie war es, als du begonnen hattest,
berufstätig zu werden?
Wie war es in der Schule?
Erinnerst du dich an den 1. Schultag?
Weißt du noch, wie es war als Kind?

Und einige Erinnerungen sind verblasst, und nur Assoziationen lassen das Verblasste der Kindheit wieder wahrnehmbar werden, und so gehst du weiter zurück in deiner Erinnerung.

Wie war es wohl, als du geboren wurdest?
Wie war es wohl davor im Mutterleib?

Und du wirst überrascht sein, dass du sogar an diese weit zurückliegende Zeit eine Erinnerung hast. Und nun stellst du dir den Augenblick deiner Empfängnis vor, als die mütterliche Eizelle von unzähligen väterlichen Spermien umringt war, die sie befruchten wollten. Du fühlst in diesen Raum. Er möchte sich immer mehr und mehr ausdehnen, während das universelle ultraviolette Licht, die kosmische Energie und die unendliche Intelligenz dich mehr und mehr in deiner Lichtsäule einhüllen. Es ist der Augenblick deiner Empfängnis. Du sitzt in dieser leuchtenden Lichtsäule, die deiner Eizelle gleicht. Es ist ein friedlicher Ort. Er ist erfüllt mit dem universellen Licht deiner Lebensaufgabe, deiner Urmatrix und deinen Lebensgenen. Du fühlst die Informationen des Universums, die wie leuchtende Laserstrahlen deine Lichtsäule heller, stärker und strahlender werden lassen. Und zu diesem Zeitpunkt kannst du deinen Film blitzschnell in deine ungelebte Vergangenheit zurückspulen und eventuell Schadstellen, Belastungen, Konditionierungen, Muster löschen, harmonisieren und rasend schnell in das Paralleluniversum beamen. Du lehnst dich zurück. Du weißt und fühlst: „Ich bin jetzt der Meister meines Lebens", und erinnerst dich daran, dass es Stationen in deinem Leben gegeben hat, die für dich nicht förderlich waren und die du jetzt wandeln kannst. Spüre die Magie und die Wunder des Augenblicks, wie deine Eizelle sich das beste Spermium zu deinem höchsten neuen Absichts-Wohl erwählt und zur Befruchtung auffordert. Mache dir bei seinem Eindringen in die Eizelle bewusst, dass du soeben Zeuge einer überwältigenden Alchemie geworden bist – deiner Empfängnis. Du siehst, wie sich Proteine vernetzen, um die Eizelle für weitere Spermien undurchlässig zu machen. Zellkerne von Spermium und Eizelle lösen sich auf, väterliche und mütterliche DNA's verschmelzen. Die befruchtete Eizelle teilt sich in zwei winzige, identische Zellen. Diese fangen an, sich zu verdoppeln, zu vervierfachen und sich blitzschnell wie ein „Wusch" zu vermehren. Halte während dieses beeindruckenden Vorgangs unerschütterlich an deiner Absicht fest, dich und deine persönliche Umgebung so zu gestalten, dass du mit deinem Lebenspotenzial/Masterplan perfekt und im optimalen Selbst verbunden bist. Bade das im Entstehen begriffene kindliche Wesen in deinen großen Frieden, in deiner heiteren Gelassenheit, in deiner Absicht, in deinem Licht, in deiner Urmatrix. Segne diese heilige Verbindung, die du bist – ganz gleich, wie die Fakten deiner Empfängnis ausgesehen haben. Und genau dann, genau dort, als dieses heranwachsende, im Entstehen begriffene Wesen, vergibst du deinen Eltern. Du erkennst in ihnen die heiligen, herrlichen, unschuldigen Wesen, die sie sind.

In diesem Augenblick kannst du auch dir selber vergeben, vielleicht deshalb, weil du vor ganz langer Zeit im Moment der Empfängnis unachtsam warst und einem völlig „fremden" Spermium Eintritt gewährt hast. Du weißt, alles ist möglich, so auch in der Empfängnis. Und so lässt du Liebe und Licht für deine Eltern und für dich selber einfließen. Du weißt, dass die universelle Heilenergie in diesem Moment alles optimal transmutiert. Du atmest jetzt aus, was einmal war. Du lächelst in Dankbarkeit.

Während du auf deiner Zeitlinie in die Gegenwart über die Grenzen von Raum und Zeit zurückkehrst, erinnert sich deine DNA für immer an deine Urmatrix, an deine beschlossene Absicht. Und du dankst der unendlichen Intelligenz, dass sie nun von weit außen bis ganz innen, von ganz oben bis ganz unten, dein Energiefeld und deine irdische und geistige Seele so strukturiert und Impulse so setzt, dass du mit der universellen Weisheit und Lebensaufgabe verbunden bist.

Du bist nun im Einklang mit dem Augenblick deiner Empfängnis, die dich mit den neuen Genen aus dem Pool der Gesundheit und Langlebigkeit verknüpft haben. Dank dem Einklang der unendlichen Intelligenz und der kosmischen Energie kommst du zurück in deine Gegenwart, in deine neue Zukunft, die dich optimal transformiert und transmutiert, sodass dein höheres Selbst dich mit den grenzenlosen Ressourcen perfekt verbindet.

So ist es – so sei es, in Güte, in Harmonie, in Frieden, in Liebe.

Und so kannst du die Augen öffnen, und indem du die Augen öffnest, bist du wieder im Hier und Jetzt.

Ein neuer Mensch ist gerade geboren worden.

Erfolgsgeschichten

Wunschbestellungen an das Universum finden seit fast fünfzehn Jahren nach einem Fastenkurs, nach einem Zauberseminar, nach den vierwöchentlichen Meditation-Zauber-Abenden statt, und meine Zauberlehrlinge und Gehilfen aktivieren selbstständig die Wünsche anhand der Unterlagen an das Universum.

- Es fand spontan eine Gehaltserhöhung statt.
- Ein Wunsch-Lebenspartner beziehungsweise mehrere sind in das Leben verschiedener Zauberlehrlinge eingetreten.
- Eine getrennte Partnerschaft hat sich wieder zusammengefunden. Leider hat man sich nach zwei Jahren wieder getrennt. Eine lose Freundschaft ist geblieben.
- Ein Wunschhund ist vier Tage nach dem ausgesprochenen Wunsch in Erfüllung gegangen.
- Ein Wunschfahrrad konnte nach einem kleinen Gewinn gekauft werden.
- Das alte Haus ist verkauft und gleichzeitig ist ein neues Traumhaus gekauft worden.
- Einmal ein Business-Flug. Aus der langen Schlange am Schalter wurde die Zauberin „herausgefischt".
- Ein Zauberlehrling, der verhältnismäßig neu in der Gruppe war, hatte den Wunsch, eine seit zwanzig Jahren schwellende miese Erbschaftsgeschichte zum höchsten Wohle für alle Beteiligten zu bereinigen. Dieser Wunsch ist mit Hilfe der kosmischen Energie

zum höchsten Wohle für den Zauberlehrling in Erfüllung gegangen.
- Der Wunschgarten hat für meinen Zauberlehrling etwas länger gedauert. Drei Jahre hat das Universum benötigt, aber dann ist es ein traumhafter Garten geworden.
- Die Tochter eines Zauberlehrlings hat, obwohl die Aussichten, die Prüfung zu bestehen, keinen Erfolg versprachen, mit den edlen energetischen Duftölen, mit wundervollen Matrixübungen nach einer dreijährigen Lehrzeit den Gesellenbrief erhalten.
- Arbeitsplätze sind gefunden worden. Bei einem Zauberlehrling gleich drei.
- Ein Wunschenkelkind wurde geboren. Der Wunsch wurde ausgeführt, ohne dass die betreffende Person (Tochter der Wunschbestellerin) in den Wunsch involviert worden ist.
- Kleine und große Lottogewinne sind erfüllt worden.
- Ich habe eine neue Praxis gefunden. Die Wartezeit betrug allerdings drei Jahre.
- Viele, viele wunderbare Lebensveränderungen finden und haben stattgefunden.
- Eine Steuernachzahlung, vom Finanzamt gefordert, hat sich nach telefonischer Intervenierung – ohne Steuerberater – in Luft aufgelöst.
- Heilungswünsche haben sich erfüllt.
- Meine Tochter hat in Südafrika einen Traumjob gefunden.

- Der „Mobbing-Arbeitsplatz" beziehungsweise eine unfreundliche Arbeitsplatzabteilung hat sich zu einem friedlichen harmonischen freundlichen Arbeitsplatz zum Wohle aller Arbeitnehmer gewandelt.
- Viele Erfolge sind mit den wunderbaren Edlen-Erfolgs-Kräutern, die jeden Morgen in die Schuhe gegeben werden, eingetreten.
- Viele Erfolge sind auch mit den edlen Erfolgsölen eingetreten. Schüler haben ihre Klausuren damit betupft.
- Bewerbungsunterlagen sind leicht besprüht worden.

Meine Zauberlehrlinge sind auf einem nicht von mir geleiteten Engelseminar gefragt worden: „Was möchtest du in deinem Leben verändern?" Darauf die Antwort: „Mein Leben erfährt, seitdem ich mit Edeltraud zaubere, wundervolle Veränderungen". (Ich wäre beinah vom Stuhl gefallen.)

Literaturverzeichnis

Lutherbibel Standard-	Bibeltext 1985 Deutsche Bibelgesellschaft Stuttgart
Bartlett, Dr. Richard	„Die Physik der Wunder", VAK Verlag Freiburg 2010, amerikanische Originalausgabe, The Physics of Miracel. Tapping into the Field of Consciousness Potential. 2009
Bonjour, Tara	„Die Magie des Wünschens", 2004, Kösel Verlag
Braden, Gregg	„Der Realitäts-Code", Verlag KOHA, 1. Auflage 2008, Originalausgabe: „The Spontaneous Healing of Belief", 2008 Hay House, Inc. California, USA „Im Einklang mit der göttlichen Matrix", Verlag KOHA, 4. Auflage 2008
Byrne, Rhonda	„The Secret – Das Geheimnis", Verlag Goldmann, 6. Auflage, amerikanische Originalausgabe 2006: „The Secret", Atria Books/Simon & Schuster, Inc., New York
Carnegie, Dale	„Sorge dich nicht – lebe!", 38. Auflage, 1984, Scherz Verlag, amerikanische Originalausgabe „How to Stop Worrying and Start Living"
Emotionale Freedom Techniques M	Das Handbuch vierte Ausgabe, übersetzt von Angelika Rindela Tessa, exklusiv präsentiert von www.eft.com Gary Craig 2005
Franckh, Pierre	„Das Gesetz der Resonanz", Verlag KOHA, 2. Auflage 2009 „Wünsch es dir einfach, aber richtig", Verlag KOHA, 3. Auflage 2007
Greuel, Edeltraud	„Matrix Healing", Ein Wunschspiel mit den Wellen des Universums, 1. Auflage, BOD 2012

Hicks, Ester u. Jerry	„Wünschen und bekommen", Verlag Allegria, 2. Auflage 2006, Originalausgabe 2004: „AKS AND IT IS GIVEN", Part One, Verlag Hay House, Inc., Carlsbad, CA, USA
Hill, Napoleon	„Denke nach und werde reich", 15.Auflage 1985, Ariston Verlag Genf, amerikanische Originalausgabe THINK AND GROW RICH.
Hill, Napoleon W. Clement Stone	„Erfolg durch positives Denken", 12.Auflage 1986, Ariston Verlag Genf, amerikanische Originalausgabe SUCCESS THROUGH A POSITIVE MENTAL ATTITUDE
King, Serge Kahili	„Der Stadt-Schamane", 2001 deutschsprachige Ausgabe, Verlag Lüchow in J. Kamphausen Verlag & Distribution GmbH Bielefeld, amerikanische Originalausgabe, Urban Shaman by Serge Kahili King
Klein, Peter W.	„MFT I – III + BSFF", Seminarunterlagen 2004
Klinghardt Dr. Dietrich	„Lehrbuch der Psycho-Kinesiologie", INK – Institut für Neurobiologie 2008
Krattinger, Franziska	„Machtworte", 1. Auflage 2008, 2. Auflage 2008, Verlag Silberschnur
Löhr Jörg/ Pramann, Ulrich	So haben Sie Erfolg, Südwest Verlag 1999, München, in der Econ Ullstein List Verlag GmbH & Co. KG, München
Lassen Arthur	„Geld ist eine Vision", 3. Auflage Dez. 2000, Verlag Arthur Lassen
Lynch Chungliang Al Huang Jerry	„Tao Sport, Denkender Körper – tanzender Geist", 1.Auflage1995, amerikanische Originalausgabe 1992 Thinking Body, Dancing Mind – To Sport for Extraordinary Performance in Athletics, Business, and Life"

Madson, Patricia R.	„Unverhofft kommt oft", VAK Verlag Freiburg 2009, englische Originalausgabe „Improv Wisdom. Don't Prepare, Just Show Up
Mohr, Bärbel	„Reklamationen beim Universum",Verlag Omega, 1. Auflage 2001„Das Universum, das Wünschen und die Liebe", Verlag Ullstein, 3. Auflage 2007„Bestellung beim Universum", Verlag Omega, 7. Auflage 2000„Universum & Co.", Verlag Omega. 2. Auflage 2000
Murphy, Dr. Joseph	„Das Erfolgsbuch", Deutsche Erstausgabe 5/2002, Verlag Heyne, amerikanische Originalausgabe THE BEST OF DR. JOSEPH MURPHY: PROGRAMMING YOUR SUBCONSCIOUS MIND FOR SUCCES „Die MACHT Ihres Unterbewusstseins", 52. Auflage 1992, Ariston Verlag, amerikanische Originalausgabe THE POWER OF YOUR SUBCONSCIOUS
Raven Wolf, Silver	„Geldzauber für Neue Hexen",2000; Ullstein Verlag „Die schützende Kraft der Engel im täglichen Leben", 1. Auflage 2004, Ullstein Verlag, amerikanische Originalausgabe ANGELS „Liebeszauber - für NEUE Hexen", 1. Auflage Dezember 2004, amerikanische Originalausgabe SILVERS'S SPELL FOR LOVE
Rochlitz, Steven	„Die fehlende Dimension: Energiebalance", Deutsche Erstausgabe 1989, Droemersche Verlagsanstalt Th. Knaur Nachf. München
SANDRA	„Geldzauber", 2002, Goldmann Verlag

Saint German	„Alchemie – Geheime Formel fürinneren und äußeren Reichtum", Empfangen von Mark und Elizabeth Prophet, Verlag Ansata, 2. Auflage, 2009, amerikanische Originalausgabe: „Saint German on Alchemy", Verlag Summit University Press, Gardiner, Montana
Seminarunterlagen	„Institut Heede", Level 1-2, 2008/2009, Sonderseminare 2010
Sher, Barbara	Wishcraft, 2. Auflage 2001, Universitäts Verlag Tübingen, amerikanische Originalausgabe „Wishcraft, How to Get, What You Really Want"
Shinn Florence Scovel	„Das Lebensspiel und seine Regeln", 2007 Freya Verlag
Slade, Neale:	„Der Glücksschalter", Verlag Rowohlt,2. Auflage 2007, Originalausgabe 2003:„The Frontal Lobes Supercharge", Neale Slade Brain Music and Books, Denver, Colorado
The Secret	„The Secret of Instant Healing", 2008, Lucid Sea, LLC
Villoldo, Alberto Perlmutter, David	„Das erleuchtete Gehirn", Deutsche Erstausgabe 2011, W. Goldmann Verlag, amerikanische, Originalausgabe „Power Up Your Brain.The Neuroscience of Enligthenment"
Walsch, Neale Donald	„Gespräche mit Gott", I, Verlag Arkana Goldmann, 10. Auflage 1996, Originalausgabe: „Conversations with God", Putnam, New York „Gespräche mit Gott", II, Verlag Arkana Goldmann, 5. Auflage 1998, Originalausgabe: „Conversations with God", Book 2, Hamptom Roads Publishing Company, Inc., Charlottesville, VA, USA „Gespräche mit Gott", III, Verlag Arkana
Wieshammer, Rainer-Maria	„Der 5. Sinn, Düfte als unheimlicheVerführer", F/O/L/T/Y/S EDITION

Fotos und Bilder in diesem Buch sind 1. vom Autor selbst käuflich erworben, 2. käuflich erworben von Fotolia, 3. vom Autor persönlich erstellt, 4. aus dem Computer-Online-Programm erstellt und 5. mit persönlicher Genehmigung durch Herrn Dr. Mann übernommen.

Sollte ich aus Versehen ein Bild übernommen haben, dessen Download nicht gestattet ist, so bitte ich um Entschuldigung und gegebenenfalls um Kontaktaufnahme mit mir, sodass nachträglich eine vertragliche Einigung zustande kommt.

Quellenangaben und Anmerkungen

4. Spielverderber am Wegesrand

[1] Zitat: Jörg Löhr (Mentaltrainer).

6. Einen spirituellen Zauberplan erstellen

[1] „Negativer Raum, negative Zeit, gehe dahin zurück, wo du hergekommen bist ...": Hector Gracias, „Die Physik der Wunder", Seite 144 ff.

[2] Die Entdeckung der psychologischen Umkehrung, genannt PU, machte der Kinesiologe und Psychologe Dr. Roger Callahan. Der Patient hat den „äußeren Anspruch": „Ich möchte gesund werden.". Doch leider reagiert das Unbewusste nicht darauf und signalisiert immer wieder: „Ich möchte krank bleiben." Durch bestimmte Klopfpunkte z. B. an der Handkante und durch gezielte prägnante Sätze können diese PUs aufgelöst werden.

[3] Quelle: „Ein Wort genügt" und „Machtworte", Franziska Krattinger. Sehr zu empfehlen sind die Machtkarten von Franziska Krattinger.

[4] Paralleluniversen sind unabhängige, komplette Universen, deren Zahl unendlich ist und die sich vom jeweils benachbarten Universum nur durch eine Änderung unterscheiden. Indem Sie sich durch die unendliche Anzahl dieser Universen bewegen, können Sie jede Veränderung erzielen, die Sie sich wünschen. Die Universen sind alle mit dem Ihrigen verbunden beziehungsweise verzweigen sich sogar aus Ihrem Universum heraus. Auch unser Universum ist eine Verzweigung anderer Universen. Innerhalb dieser Paralleluniversen hatten unsere Kriege einen anderen Ausgang, als wir ihn kennen. Arten, die in unserem Universum ausgestorben sind, haben sich in anderen Universen weiterentwickelt und an die Umwelt angepasst. In wieder anderen Universen sind wir Menschen möglicherweise ausgestorben. Eine spezifische Gruppe von Paralleluniversen wird als Multiversum bezeichnet." (Richard Bartlett, „Die Physik der Wunder", Seite 295).

7. Was ist neu oder doch nicht neu in diesem spirituellen Zauber-Plan?
1 Quelle: Dr. Richard Bartlett – „Matrix Energetics®", Die Zwei-Punkt-Methode.
2 Edeltraud Greuel –„Matrix Healing" – Ein Wunschspiel mit den Wellen des Universums.

8. Die Gehirnsysteme
1 Quelle – Auszüge aus dem Buch von Alberto Villoldo/David Perlmutter, „Das erleuchtete Gehirn", siehe Seite 36, „Die Neurowissenschaften der Erleuchtung".
2 Das alte Gehirn, Seite 44 ff.
3 Psychologische Umkehrung siehe „Einen spirituellen Zauberplan" erstellen.
4 Paralleluniversum siehe Richard Bartlett, „Die Physik der Wunder", Seite 295.
5 Siehe Franziska Krattinger, Quelle: „Machtwörter".
6 Siehe Seite 44 ff., „Das erleuchtete Gehirn".
7 Siehe Seite 44 ff., „Das erleuchtete Gehirn".
8 Siehe Seite 85, So stärken Sie ungünstige Nervenverbindung, „Das erleuchtete Gehirn".
9 Zitat Alberto Villoldo in „Das erleuchtete Gehirn", Seite 68.
10 Zitat Alberto Villoldo in "Das erleuchtete Gehirn", Seite 58- 59.
11 Sanjeevini.at, im Internet präsent.
12 Zeitschrift: raum & zeit, Thema: „Energetisches Heilen", siehe Seite 57, Autor Dr. Joe Dispenza.
13 Matrix Healing – Edeltraud Greuel, Seite 183 ff.
14 ESR Punkte, Quelle: Steven Rochlitz, „Die fehlende Dimension Energiebalance", Seite 245.

10. Die Klopftechnik
1 Mental-Feld-Therapie nach Dr. Dietrich Klinghardt.

2 Emotionale Freiheits-Therapien nach Graig.
3 Dynamind Therapie – Serge Kahili King.
4 PU – psychologische Umkehrungen siehe „Einen spirituellen Zauberplan erstellen".
5 Urmatrix – Matrix Healing Seite 183.

11. Der Zauber mit dem Geld
1 Reichtumsandacht Quelle Silver RavenWolf – „Geldzauber der Neuen Hexen", mit kleiner Veränderung von Edeltraud Greuel.

12. Wenn ich einmal Geld hätte
1 Quelle ist leider nicht mehr bekannt. Ich denke, ich habe diesen Artikel im Jahre 2004 aus dem Internet gezogen und ihn dann für meine Zauberseminare verändert.

13. Die edlen energetischen Tricks
1 Glücksverheißung Sanjeevini.at, im Internet präsent.
2 Göttliche Liebe Sanjeevini.at, im Internet präsent.
3 Göttliche Energien - Sanjeevini.at, im Internet präsent.
4 Spagyrische Mischungen – Spagyrik Phylak
5 Übertragungskarte - Sanjeevini.at, im Internet präsent.
6 Rituale – Quelle: Sandra – „Geldzauber" und
Silver RavenWolf– „Geldzauber für Neue Hexen".
7 Zitat: Neale Donald Walsch „Gespräche mit Gott".
8 Reichtumsrolle siehe Silver RavenWolf – „Geldzauber"
RavenWolf – „Geldzauber".
9 „Die goldene Kordel der Manifestation" siehe Silver Raven Wolf „Geldzauber"
10 Zauberdose: Quelle – Auszug aus dem Internet http://green-lady.wild-magie.de 2005

14. Wenn Wünsche fliegen könnten
1 Flying Wish Paper – www.FlyingWishPaper.de

[2] Engel-Ritual, Quelle: Silver RavenWolf – „Die schützende Kraft der Engel im täglichen Leben".

15. Zaubern mit Dschinni
[1] Quelle: Tara Bonjour –„Die Magie des Wünschens", Dschinni kann bei Tara Bonjour in der Schweiz - Tel. 031 37618 75, oder bei Regina Forst in Deutschland Tel. 04322 692345 bestellt werden.

17. Wünschen und Bestellen
[1] Quelle: Florence Scovel Shinn – „Das Lebensspiel und seine Regeln" Seite 3.

[2] Quelle: ebenda Seite 164.

[3] Quelle: Neale Donald Walsch Bd. 3, „Gespräche mit Gott".

20. Wie gehst du am besten vor?
[1] Quelle: Sandra RavenWolf –„ Liebeszauber für Neue Hexen".

21. Die Reise beginnt
[1] Hokuspokus – Quelle: Eine weitverbreitete – und auch in etymologischen Lexika zu findende Theorie sieht einen Zusammenhang mit der Eucharistiefeier in der katholischen Kirche, die bis zum Zweiten Vatikanischen Konzil zumeist in lateinischer Sprache gehalten wurde. Der Priester spricht dabei während der Wandlung die Konsekrationsformel: Hoc est enim corpus meum – denn dies ist mein Leib. Gemeint ist der Leib Christi. Die Menschen in der Kirche, die kein Latein verstanden, hörten nur so etwas wie Hokuspokus. Da nach katholischem Verständnis etwas verwandelt wird – nämlich die Hostie in den Leib Jesu Christi – war der Zauberspruch geschaffen. (Wikipedia)

21.1. Erfolgszauber-Tag
[1] Zitat: „Ihr Engel der Liebe und des Lichts"… kommt von der Zaubergesellin Hildegard und deren Freundin Maria.

21.9. Erfolgszauber-Tag
[1] Zitat: Günter Heede Seminarleiter MatrixEnergetics/Matrix Inform.

Neu in diesem Buch sind die Worte - Transformation – Transmutation. Sie haben verschiedene Bedeutungen. Transformation ist ein Umwandlungsprozess von außen nach innen. Es ist ein wissenschaftlicher Prozess und erklärbar. Dieser Umwandlungsprozess ist langsam.
   Transmutation ist auch ein Umwandlungsprozess. Es ist ein alchemischer Prozess. Er geht von innen nach außen und ist schneller als der Schall. Aus diesem Grund habe ich die Transformation in Transmutation umgewandelt.

Spagyrische Erfolgsmittel nach Dr. Gopalsamy Naidu
Phylak Sachsen

RUCHE – ein spagyrisches Mittel zum Sprühen in die Aura (Kopf und Füße).
Anwendung: für permanente Probleme auf allen Ebenen
z.B. Geld, Partnerschaft, Mobbing, nicht vorwärtskommen, eine Attacke nach der anderen.

Atm - der kosmische Wunschautomat - ein spagyrisches Mittel zum Sprühen in die Aura (Kopf und Füße). Er ist auch anzuwenden, wenn dringend Geldbedarf besteht.

SAMANDA - ein spagyrisches Mittel zum Sprühen in die Aura (Kopf und Füße).
Anwendung: Schutz – Ausweg – Lösung.

EGREGROR - ein spagyrisches Mittel zum Sprühen in die Aura (Kopf und Füße).
Anwendung: Vampire, Attacken von mehreren Personen gleichzeitig, bringt Schutz auf allen Ebenen.

Angelika – der Schutzengel - ein spagyrisches Mittel zum Sprühen in die Aura (Kopf und Füße), in das Auto, für die Kinder, in den Kleiderschrank.

R-G-P-A-A-B – (Spagyrische Nummern 61-38-98-97-5-16) ein spagyrisches Mittel zum Sprühen in die Aura (Kopf und Füße), Raumspray.
Anwendung: Familienzwistigkeiten, Mobbing, Blockaden, Trauer, Scheidung, Einsamkeit, Neuanfang

Shakti – lässt die Aura leuchten und bringt Respekt. Diese Spagyrische Mischung stelle ich zusätzlich auf die Shakti-Karte von Sanjeevini.

Krönung – Liebe: ein spagyrisches Mittel zum Sprühen in die Aura (Kopf und Füße) und Raumspray.
1. 1/3 DVDNMP3 plus 1 ml Galium
2. 1/3 LIEBE plus 1 ml Galium
3. 1/3 AMORE plus 1 ml Galium

Der goldene Schlüssel - ein spagyrisches Mittel zum Sprühen in die Aura (Kopf und Füße).
Anwendung: Reinigt die Seele, um den Lebensauftrag zu erfüllen, Hilft Mut, Ausdauer und Vertrauen aufzubauen. Löscht alle energetischen Krankheitsformen, die von Generation zu Generation weitergegeben werden. Schützt die Aura vor Fremdenergien.

Geschenk – (spirituell und körperlich) beinhaltet eine enorme Energie.
Ein spagyrisches Mittel zum Sprühen in die Aura (Kopf und Füße) und zum Einreiben in die Hände.

Trias – Körper-Geist-Seele – Sprühmittel. Ein wundervolles spagyrisches Mittel zum Sprühen in die Aura (Kopf und Füße) und auf wichtige Dokumente, Arbeitsunterlagen, „Bürokratie-Dokumente" wie z.B. Finanzamt etc.

1. **Körper - Transmutation** –   Wünsche können ohne Umschweife erfüllt werden.
2. **Seele - Means** – um etwas zu realisieren.
3. **Geist – In-Pater-Veritas** – Ich bin in Verbindung mit meiner Lebensaufgabe.

Bei jede Anwendung ist es wichtig, das Sprühfläschchen, fünfmal im und gegen Uhrzeigersinn mit dem Zeigefinger zu umkreisen und das Wort TRANSMUTATUION zu benutzen

All diese spagyrischen Mittel sind in einer Apotheke (speziell in der Arnoldis Apotheke 01477 Arnsdorf), die sich in der spagyrischen Rezeptur auskennt, zu bekommen.

Falls es Probleme in den Mischungsverhältnissen geben sollte, bitte mich unter meiner email – info@egreuel.de oder unter der Webseite www: zauberwellen kontaktieren.

Über die Autorin

Edeltraud Greuel ist geboren in einem beschaulichen Dorf namens Elverdissen.

Mystische und zauberhafte Einflüsse erlangte die Autorin über die Natur. Den nahe gelegenen Wald mit seiner eigenen Sprache, den Wind, der durch die Blätter fuhr, das Spiel am plätschernden Wasserlauf und die verschlungenen Pfade im dichten Unterholz erlebte sie an vielen Nachmittagen, genoss in den frühkindlichen Tagen die Ruhe, die Stille und sprach mit den vermeintlich zauberhaften Wesen des Waldes. Zugleich verbrachte sie viel Zeit mit der Großmutter. Sie war im Dorf eine geschätzte Frau. Mit einer Weidenrute konnte sie Wasseradern finden, hatte für viele Krankheiten bei Mensch, Tier und Pflanzen ein gutes Hilfsmittel. Zugleich war sie auch eine fromme Frau. Sie sang mit der Autorin viele Kirchenlieder und las ihr Bibelverse vor.

Selbst der Vater der Autorin entwickelte, obwohl durch Kriegseinflüsse stark beeinträchtigt, eine „künstlerische" Fähigkeit in der Naturheilkunde. So kamen viele Leute zum „Einrenken" in das elterliche Haus. Da der Vater selbst Cellist war, sprach er zu der Autorin: „Betrachte den Körper eines Menschen wie ein Cello. Dein Arm, deine Hände führen den Bogen. Du musst die Sehnen erfühlen, ertasten, damit spielen und sie so wieder zum Klingen bringen." (Edeltraud Greuel spielte selbst Cello.)

Die Autorin interessierte sich in der späteren Kindheit mehr für sportliche Aktivitäten. Diese wurden durch die Sportlehrerin ihrer Schule sehr gefördert. Ihre erste berufliche Tätigkeit war daher die einer Diplom-Sportlehrerin. Die Naturheilkunde und das zauberhafte Spiel lagen schlummernd in der Schatzkiste.

In der Mitte des Lebens erwachte die zweite Begabung. Edeltraud Greuel strebte den Beruf der Heilkunde an und begann mit der Chirotherapie. Die Erinnerung an die Weidenrute bestärkte sie darin, die Einhandrute, sprich den Biotensor, einzusetzen. Es folgten die Homöopathie, die Akupunktur, die Osteopathie und immer wieder Zauberseminare.

Dieses Buch widme ich meinen Zauberlehrlingen, meinen Zaubergesellen, meinen Kindern Christine, Verena, Dorothee, meinen Enkelkindern Benjamin Lucas, Nicholas James, Ella Sophia, Hannah und Mischa, Emma Charlotte und vielen Zauberlehrlingen, die mir folgen möchten.

Mein Buch: Matrix Healing, die Welt von Matrix Healing, ISBN 978-3-8448-5031-4

Endlich sein, wie man wirklich ist, die (selbst) angelegten Fesseln lösen, das viele Wenn und Aber wegwischen - ein befreiender Gedanke. Mit Matrix Healing ist das möglich. Matrix Healing ist ein Weg der Transformation, der all das in uns befreien kann, was wir selbst, gemeinsam mit unserem Umfeld, nach Kräften verschüttet haben. Unsere Matrix, die DNA, beinhaltet bereits von Geburt an unseren vollständigen persönlichen Lebens-Bauplan, der eigentlich ein glückliches Leben bedeutet. Den Weg zu diesem ursprünglichen Plan vermittelt uns Edeltraud Greuel anschaulich in ihrem Buch "Die Welt von Matrix Healing".